D1925300

hänssler

Praxisbuch

Männerarbeit

Ulrich Mack (Hrsg.)

Ulrich Mack, seit 22 Jahren verheiratet, Vater von vier Kindern. Dekan in Freudenstadt, vorher Pfarrer in verschiedenen Gemeinden und Vorsitzender des CVJM-Landesverbandes in Württemberg. Mitglied der Württ. Evang. Landessynode. Autor von Büchern und Kursen.

hänssler-Paperback
Bestell-Nr. 392.915
ISBN 3-7751-2915-4

Umschlag- und Innenillustrationen: Ulrich Faas
Satz: AbSatz
Druck und Bindung: Ebner Ulm
Printed in Germany

Inhalt

VorWort

Männerarbeit ist wieder im Kommen. Männer entdecken ihre Themen und finden neue Formen. Sie treffen sich in Kirchengemeinden zu Vesper und Frühstück. Sie kommen zu Männerabend und Stammtisch. Männerarbeit ist wieder gefragt.

Was ist daran so auffällig und bemerkenswert?
Männerarbeit gehörte lange Zeit zum festen Bestand kirchlichen Lebens. In vielen Gemeinden gab es Männerkreise, Männerchöre, Männerfreizeiten. Doch im Zuge von Koedukation

»Lieber Gott, bitte lass die Frau in der Gemeinde schweigen.«

und Emanzipation schlief ein großer Teil dieser Kreise und Aktivitäten ein. Männer kamen in der Kirche immer weniger vor. Sie hatten zwar in Leitungsgremien ihre Verantwortung und in Bau- und anderen Ausschüssen ihre Aufgaben; doch an der Basis des Gemeindelebens hatte Männerarbeit in den letzten Jahrzehnten nur selten ihren Platz – ganz im Gegensatz zur Frauen-, Jugend- oder Seniorenarbeit. Das »starke« Geschlecht, durch Emanzipation und daraus folgenden gesellschaftlichen Veränderungen verunsichert, wurde (auch) in der Kirche schwach.

Umso mehr verdient Beachtung, was sich in den letzten Jahren an Männerarbeit in Gemeinden wieder entwickelte. Neue Wege werden gewagt, männerspezifische Formen entdeckt, Männerthemen aufgenommen. Darüber soll dieses Praxisbuch berichten. Im ersten Teil beschreiben sechs Autoren, was Männer gerade bewegt. Sie nehmen dabei aktuelle Themen der Männerarbeit auf. Im zweiten Teil berichten acht Männer, wie Männerarbeit an ihrem Ort konkret geschieht. Sie regen dabei weder zum neidischen Staunen noch zum einfachen Imitieren an. Die Berichte wollen Ideen weitergeben, Lust auf Männerarbeit machen und Mut dazu, auch solche Männer zu erreichen, die der Kirche längst den Rücken kehrten und vom Glauben nichts (mehr) erwarten. Dass die Botschaft der Bibel zu einem erfüllten und erlösten Mannsein hilft – nicht zuletzt das will dieses Buch auch zeigen.

Dieses Praxisbuch erhebt in keiner Weise einen Anspruch auf Vollständigkeit. Im Gegenteil: Es ist auf Fortsetzung angelegt. Was in der Männerarbeit in den nächsten Jahren geschieht, könnte in weiteren Büchern dieser Art stehen. Die Autoren freuen sich über Rückmeldungen, der Verlag auf neue Artikel.

Ulrich Mack

Was Männer heute bewegt

Christoph Rau

Die Rolle des Mannes in Gesellschaft, Kirche und Familie

Gesellschaftliche Entwicklungen

»Nun sind die Männer dran!«
Nachdem Frauenthemen viele Jahre lang die Medien beherrschten, sind mit einem Mal die Männer dran: Bekannte

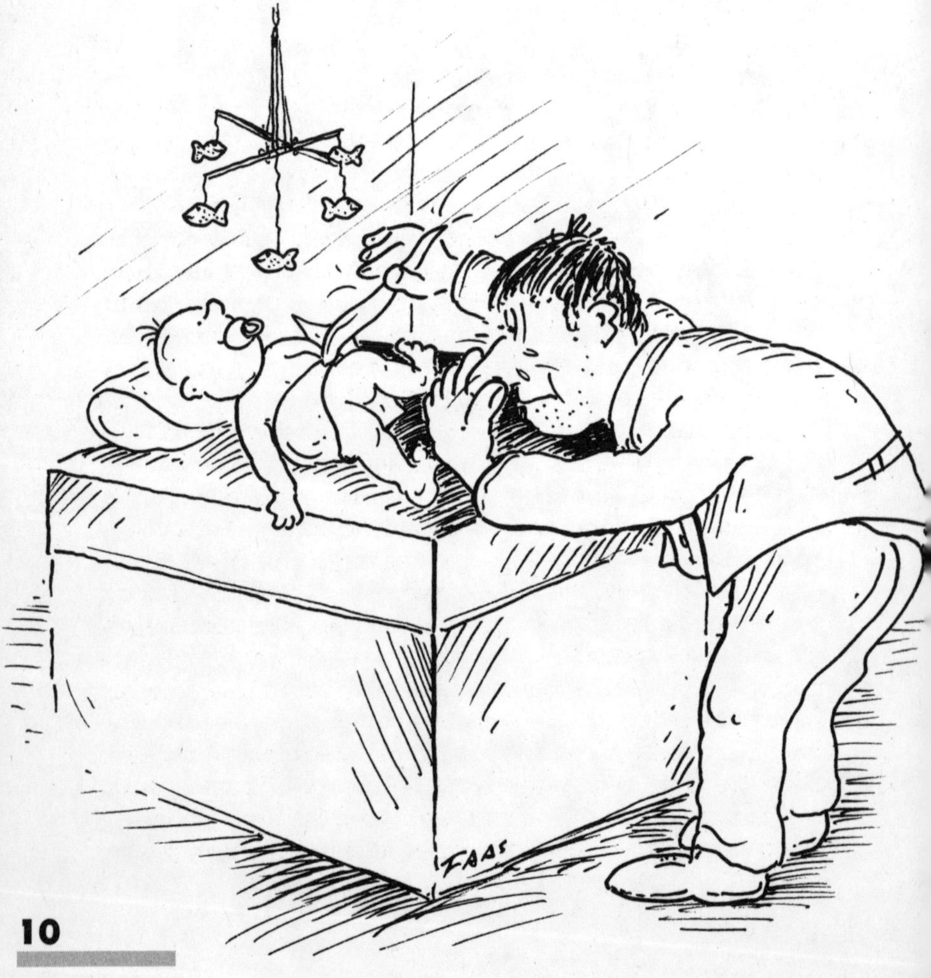

Zeitungen und Magazine wie Spiegel und Focus widmen den Männern Titelgeschichten und Spezialausgaben. Männertage, Männertreffen, Männergruppen und Männervesper erleben einen Boom, Kirchenleute entdecken die Männerarbeit neu und vielstimmig klingt Herbert Grönemeyers Lied aus dem Radio. »Wann ist ein Mann ein Mann?« Man fragt sich unwillkürlich: Was ist mit den Männern los? Was bewegt sie? Was wollen sie? Die folgenden Gedanken sind als Versuch zu verstehen, die Situation heutiger Männer aus soziologischer, psychologischer und auch religionspsychologischer Sicht nüchtern und sachlich zu beschreiben, um dann am Ende einige Gedanken anzufügen, um was es in der kirchlichen und gemeindlichen Männerarbeit gehen müsste.

»Neue Männer braucht das Land!«

Über Jahrhunderte, ja Jahrtausende hinweg regierte der Mann als Oberhaupt in Staat, Gesellschaft, Wirtschaft, Familie und natürlich auch in der Kirche. Mannsein galt als etwas Selbstverständliches, Naturgegebenes und Gottgewolltes. Seit Anfang des 20. Jahrhunderts häufen sich die Fragen. Frauen machen den Männern Konkurrenz. Eine Männer-Bastion nach der anderen musste sich den Frauen öffnen: Schule, Universität, Kultur, Wirtschaft, Politik, Kirche. Als in den beiden Weltkriegen die Männer an der Front waren, mussten die Frauen ihren »Mann« stehen, und sie zeigten, dass sie in Werkhallen und auf Kanzeln Aufgaben zu meistern verstanden und verstehen, die bislang ausschließlich Männern zugetraut wurden und vorbehalten waren. Nachdrücklich haben sie ihre Gleichwertigkeit unter Beweis gestellt. Zudem lassen neue technologische Entwicklungen die biologischen Vorteile des Mannes, die größere Muskelkraft und die Körpergröße, immer mehr in den Hintergrund treten. In einer modernen Industrie- und Dienstleistungsgesellschaft zählen zunehmend Eigenschaften, die Frauen genauso gut oder noch besser beherrschen. Die Frauenbewegung hat zudem das ganze männliche Denken fundamental in Frage gestellt. Schonungslos wurde männliches Denken und Handeln unter die Lupe genommen und angezweifelt. Es sei einseitig und rücksichtslos am Äußerlichen und Messbaren orientiert, am so genannten wirtschaftlichen, wissenschaftlichen und

technischen Fortschritt und somit verantwortlich für die fortschreitende Naturzerstörung, Gewalttätigkeiten und die Bedrohung der ganzen Kreatur durch Atombomben und Raketen. Die Forderung wurde laut: »Neue Männer braucht das Land!« Männer sollten rücksichtsvoller werden, Gefühl entwickeln und fürsorglicher mit Kindern, Frauen und der Schöpfung umgehen. Auch im Privaten geht es um »Geschlechter-Demokratie«. Zwischen den Partnern sollten Rechte und Pflichten, Geben und Nehmen, Erwerbsarbeit und Finanzen in einer gerechten Balance stehen.
Männer wurden von solchen Forderungen vielfach hart und unvorbereitet getroffen. Viele sind fassungslos und verstummen betroffen, wenn es heißt: »Du Macho!« In den letzten Jahren ist es ruhiger geworden. Geblieben aber sind tiefe Verunsicherungen. Die Frage nach der *Identität* des Mannes steht seither auf der Tagesordnung. Auch wenn sich in jüngster Zeit viele Männer auf die Suche nach echter, authentischer Männlichkeit gemacht haben, gibt es in der Gegenwart kein allgemein gültiges, tragendes Männerbild mehr. Weder der Macho noch der Softy noch der Chauvi passen in unsere Zeit. Sie sind Zerrbilder von Männlichkeit. An der Schwelle zum dritten Jahrtausend besteht aber für jeden Mann die große und geschichtlich bisher einmalige Chance, in Freiheit, unabhängig von Schablonen seine ihm persönlich entsprechende Form von *Mannsein* zu finden.
Dazu ist es nötig, die von Gott ihm gegebenen persönlichen Fähigkeiten und Eigenschaften zu entdecken und sie in Auseinandersetzung mit den gegenwärtigen gesellschaftlichen Herausforderungen, mit biblischen Männerbildern und im Austausch mit anderen Männern zu entfalten.

Arbeit – mehr als das halbe Leben!

»Der Mann muss hinaus ins feindliche Leben, muss wirken und streben und pflanzen und schaffen, erlisten, erraffen, muss wetten und jagen, das Glück zu erjagen … Und drinnen waltet die tüchtige Hausfrau …« – so beschrieb es Friedrich Schiller im »Lied von der Glocke« am Ende des 18. Jahrhunderts. Bis heute leben viele Männer diese klassisch gewordene Arbeitsteilung: der Mann draußen, die Frau drinnen. Mannsein heißt für sie aktiv sein, etwas schaffen, bauen und bewirken. Es ist offensichtlich: Die meisten Männer arbeiten gerne und viel – nicht selten zu viel. Sie wollen damit zeigen, was in ihnen steckt. Sie wollen Ernährer sein. Welch zentralen Stellenwert im männlichen Selbstverständnis die Arbeit spielt, zeigt sich, wenn einem Mann Arbeitslosigkeit droht oder er aus Krankheitsgründen nicht mehr arbeiten kann. »Du kommst dir so überflüssig vor. Du bist nichts mehr wert! Alles ist sinnlos!«, klagt ein Arbeitsloser. In einer Zeit, in der die Weltwirtschaft sich in einem tief greifenden Umbruch befindet (Globalisierung, Rationalisierung, rasanter technologischer Wandel usw.)

kann Arbeitslosigkeit aber jeden treffen. Wenn (Erwerbs-)Arbeit einen so zentralen Stellenwert für Männer – und zunehmend auch für Frauen – hat, wenn Arbeit mehr als das »halbe Leben« ist und an ihr ein wesentlicher Teil der Existenzberechtigung hängt, sind Krisen seelischer, gesundheitlicher und existenzieller Art mit all ihren Folgen (Gewalttätigkeit, Alkoholismus, Depressionen, Suizid ...) vorprogrammiert.
Wer in der harten Konkurrenz- und Leistungsgesellschaft mithalten will, muss in hohem Maße körperlich und psychisch belastbar sein, flexibel, kreativ und stets einsatzbereit. Moderne Produktion und Dienstleistung erfordern eine hohe zeitliche und geistige Verfügbarkeit. Für Männer in wichtigen Positionen werden die Arbeitszeiten immer unvorhersehbarer und steigen trotz gesamtgesellschaftlicher Arbeitszeitverkürzung. In ihrer Leistungsfähigkeit und Gesundheit Eingeschränkte gehören zu den Verlierern dieser Entwicklung, während vor allem junge, gut ausgebildete, motivierte und durchsetzungsfähige Männer davon profitieren. Sie nehmen diese Herausforderungen mit ganzer Kraft und größtem Engagement an. Regenerationsphasen gewinnen in diesem Zusammenhang eine immer größere Bedeutung. Die Klagen, am Ende eines Arbeitstages oder einer Arbeitswoche total ausgelaugt zu sein, sind unüberhörbar. Das vielfach beschriebene und von Kirchen oftmals beklagte Verhalten, am Wochenende einfach abzuschalten, »zu leben« und Spaß zu haben, wird von daher verständlicher.

Partnerschaft – das schöne schwere Miteinander

Der Rückzug ins Private ist eine der großen Hoffnungen. Aber auch Partnerschaft und Familie sind längst keine heile Welt mehr. Auch sie befinden sich im Umbruch. Ein Großteil der Frauen ist heute erwerbstätig – vielfach aus purer finanzieller Notwendigkeit heraus. Gerade jüngere Frauen fordern von ihren Männern, dass sie einen gerechten Anteil an der Haus- und Familienarbeit übernehmen und sich nicht einfach zurückziehen in Hobby, Verein und Sport oder vor dem Fernseher ihre Füße hochlegen. Sie wünschen sich Männer, die die Verantwortung für das Gelingen ihrer Partnerschaft nicht an die Frau delegieren. Beziehungspflege aber erfordert Zeit und die Bereitschaft, anstehende Fragen und Meinungsverschiedenheiten im Gespräch zu klären. Männer sind darin im Allgemeinen weniger geübt. In der Regel sehen sie die Probleme nicht so tief und wiegeln eher ab: »Schatz, ich weiß nicht, was du immer hast. Ich fühle mich gut.« Inzwischen merken immer mehr Männer, wie wichtig ein guter Zugang auch zu ihrer »Innenwelt« ist. Sie leiden unter dem Phänomen: »außen hart und innen ganz weich« (Grönemeyer). Sie wissen, dass eine Partnerschaft in der heutigen Zeit belastet wird, wenn Gefühle wie Liebe und Vertrauen, Schwäche und Angst, Schmerz, Wut oder Zorn nicht angenommen, bearbeitet und ausgedrückt werden können.

Partnerschaft und Ehe sind in höchstem Maße zerbrechlich geworden. Mehr als jede dritte Ehe scheitert, in Großstädten bereits jede zweite. Dabei gehen Trennungen inzwischen in über 60 Prozent aller Fälle von den Frauen aus. »Bis ich verlassen wurde, dachte ich, meine Ehe sei gut« – solch fassungslose Reaktionen sind nicht selten. Sie haben die still fortschreitende Entfremdung und Langeweile in ihrer Partnerschaft nicht wahrgenommen und sich den zunehmenden Konflikten und Gereiztheiten nicht gestellt. Verlassene Männer sind meist völlig auf sich gestellt. Mit der Trennung verlieren sie nicht nur die alltägliche Versorgung (Essen, Wäsche), sondern auch die emotionale Pflege. Es wird sichtbar, dass sie alles, was mit

Beziehung und Gefühl zu tun hat, an ihre Frau delegiert haben, frei nach dem Motto: »Das kann meine Frau viel besser als ich.«

Neue Lebensformen

Immer mehr Menschen leben vorübergehend oder dauerhaft allein. Von 1972 bis 1989 ist in Westdeutschland die Zahl der Menschen zwischen 25 und 50 Jahren, die in einem Einpersonenhaushalt wohnen, von acht Prozent auf 17 Prozent gestiegen (ca. 2,5 Millionen). Darunter sind deutlich mehr Männer als Frauen. Singles sind zu einer eigenständigen und ernst zu nehmenden Lebensform geworden. Zu ihr gehören nicht nur Männer, die unfreiwillig allein leben und sich unglücklich und isoliert fühlen. Gerade unter den jüngeren und beruflich erfolgreichen Männern wählen nicht wenige diese Lebensweise freiwillig. Sie räumt ihnen aber nicht zu große Freiheiten ein, sondern bürdet ihnen auch die ganze Last bei der Bewältigung der alltäglichen Pflichten, Sorgen und Nöte auf. Der Seufzer eines Singles »Ich sag mir selbst guten Morgen« spiegelt das Empfinden nicht weniger Singles wider.

Zur heutigen gesellschaftlichen Wirklichkeit gehören auch die Homosexuellen. Es ist davon auszugehen, dass fünf bis zehn Prozent der Menschen unserer Gesellschaft sich als Homosexuelle verstehen. Homosexualität ist, wie das auch immer ethisch zu beurteilen ist, für unsere Gesellschaft zu einer Tatsache geworden, die von der Mehrheit toleriert wird. Es gibt nach wie vor schwule Männer, die unter ihrer Empfindung leiden und nach einer stabilen Identität suchen. Viele aber leben ganz selbstverständlich und gut damit und machen aus ihrer Prägung kein Geheimnis, ja sie erheben einen Anspruch auf Anerkennung durch ihre Mitmenschen, auch durch ihre Kirche und Gemeinde.

Sexualität – Lust oder Frust?

Sexualität ist für die meisten Männer – neben der Arbeit – nach wie vor Thema Nummer eins. Darauf weist nicht nur die Tatsache hin, dass einschlägige Magazine und Videos hohe Auflagen erreichen und täglich schätzungsweise eine Million Männer die Dienste einer Prostituierten in Anspruch nehmen, sondern vor allem auch die Tatsache, dass unter Männern sehr rasch das Thema angesprochen und etwa einschlägige Witze erzählt werden. Sexualität ist in der Tat ein ganz wesentlicher und elementarer Ausdruck des Mannseins. Nicht alle aber können diese gute Gottesgabe befreit, ungezwungen und lustvoll leben. Die neue Offenheit in unserer Gesellschaft hat diesbezüglich daran wenig geändert. Ganz im Gegenteil, die öffentliche Diskussion hat neue »Leistungs-Normen« hervorgebracht. Versagensängste und tief greifende Enttäuschungen haben deutlich zugenommen. Dazu kommt, dass jüngere Frauen nicht mehr nur ihre »eheliche Pflicht« erfüllen und einfach Kinder zur Welt bringen wollen. Sie stehen dem Mann nicht mehr einfach zur Verfügung. Sie artikulieren heute selbstbewusst ihre Bedürfnisse. Vielfach wünschen sie von ihrem Mann, dass er Sexualität nicht gleichsetzt mit Koitus und Orgasmus. Für sie gehört zu den Voraussetzungen einer guten und lustvollen Sexualität, dass die Beziehung stimmt, und sie Nähe und Zärtlichkeit spüren. Auch auf diesem Gebiet wollen sie als wirkliche Partnerinnen ernst genommen werden. Dazu gehört, eine angemessene und persönliche Sprache zu finden, in der Erwartungen und Ängste, Lust und Frust (mit)geteilt werden können.

Freundschaft: »Meine Frau ist mein bester Freund.«
»Ein Freund, ein guter Freund, das ist das Beste, was es gibt auf der Welt ...«, heißt es in einem Lied. Männer stimmen diesem Satz gerne zu. Fragt man sie aber, ob sie selbst einen wirklich guten Freund haben, antworten rund 80 Prozent mit einem Nein. Sie kennen zwar gute Kumpels und Kameraden, mit denen sie Fußball spielen, leidenschaftlich debattieren oder eine Wandertour unternehmen. Vielfach werden aber ganz persönliche Themen vermieden. Selten gestehen sich Männer: »Ich pack's im Beruf nicht mehr.« Oder: »In meiner Ehe herrscht Eiszeit.« Viele Männer haben Angst vor zu viel Nähe zu einem anderen Mann, fürchten sich vor den Gesetzen der im Beruf täglich erlebten Konkurrenz oder verdächtigen Männerfreundschaft insgeheim der Homosexualität. »Meine Frau ist mein bester Freund«, ist eine oft zu hörende, aber problematische Aussage. Männer machen sich in Sachen Gefühl einseitig von ihrer Frau abhängig. Das hat übrigens auf der Frauenseite keine Entsprechung.

Männer blicken daher oft neidvoll auf ihre Frauen, weil sie eine »gute Freundin« haben, mit der sie über alles reden können und die ihnen Entlastung, Stütze und Solidarität gibt.

»Vaterlose Gesellschaft«
Der Psychoanalytiker Alexander Mitscherlich hat schon in den 60er- Jahren auf die faktische Vaterlosigkeit unserer Kinder und Jugendlichen hingewiesen. Durch die Trennung von Wohnen und Arbeiten im Zuge der Industrialisierung ist der Mann vollends aus dem Haus ausgewandert und wurde vielfach zur »familialen Randfigur«, zum Zahlvater. Dort, wo Kinder und Jugendliche leben, wo die alltäglichen menschlichen Probleme zu lösen oder Freude zu erleben sind, wo Menschen geboren werden oder leiden und sterben, ist der Mann in der Regel nicht anwesend. Das hat ungute Folgen für die Entwicklung der Kinder, die Gesellschaft (Gewalttätigkeit), nicht zuletzt auch für die Männer selbst. Kinder erleben Männlichkeit oft nur noch »aus zweiter Hand«, über die Erzählungen der Mütter oder über die Medien. Väter werden entweder idealisiert (»Papa ist der Beste und Größte!«) oder verteufelt (»Männer sind Rambos oder verantwortungslos!«).

In den letzten Jahrzehnten hat das Bewusstsein der Väter für die Mitverantwortung und auch die Bereitschaft zum bewussten Engagement für die eigenen Kinder erfreulich zugenommen. Das zeigen nicht nur die Väter, die bei der Geburt anwesend sind oder beim Sonntagsspaziergang den Kinderwagen schieben. Auch Umfragen belegen, dass heutige Väter sich mehr um ihre Kinder kümmern wollen und dass sie mehr Zeit mit ihnen verbringen würden. Aus vielerlei Gründen, vor allem wegen der unsicheren Situation auf dem Arbeitsmarkt, geraten solche Absichten bei der Umsetzung in Schwierigkeiten: Engagierte Väter stoßen nach wie vor auf das Unverständnis ihrer Vorgesetzten, wenn sie abends pünktlich nach Hause wollen, um ihre Kinder zu versorgen. Der Wunsch eines Vaters, selbst den gesetzlich vorgesehenen Erziehungsurlaub zu nehmen oder seine Arbeitszeit zu reduzieren, wird als Desinteresse am Beruf oder gar als Arbeitsverweigerung verstanden. Nicht wenige Väter leben daher mit einem schlechten Gewissen. Dabei wäre ein zeitlich und qualitativ intensiverer Umgang von Männern mit dem heranwachsenden Leben ein gutes Entwicklungsprogramm, um auch die Innenseite des Lebens mit all seinen Freuden und Problemen kennen zu lernen (s. Beitrag »Wenn der Vater mit dem Sohne …«).

Gesundheit und Körper: »Hart wie Krupp-Stahl?«
Männer, heißt es, sind das »starke Geschlecht«: überlegene Körpergröße, Muskelkraft, männliche Tugenden wie Härte, Tapferkeit, Unerschrockenheit, Disziplin. Frauen hingegen galten als weinerlich, weich, wehleidig, nachgiebig usw. Inzwischen ist

offensichtlich, dass diese Gegenüberstellung so nicht stimmt. Biologisch gesehen sind die Frauen eigentlich die zäheren, ausdauernderen, belastbareren Menschen. Im Durchschnitt werden Frauen rund sechs Jahre älter als Männer. Nach Statistiken der Weltgesundheitsorganisation »führen« die Männer bei fast allen schweren und chronischen Krankheiten wie Krebs, Herz- und Kreislaufleiden, einschließlich der psychischen Krankheiten. Von Männerforschern wird das nicht zuletzt auf die bei uns vorherrschende männliche Lebensweise zurückgeführt. Männer benutzen ihren Körper häufig wie eine Maschine, die gehorchen und funktionieren muss. »Mann« verleugnet Schmerz und Angst, beißt die Zähne zusammen, verzichtet auf Schlaf, Erholung und Körperpflege, kümmert sich nicht darum, was man isst oder ob man zu viel trinkt. Es gilt als unmännlich, in sich hineinzuhören und zu fragen, was der Körper braucht. Man arbeitet, bis der Körper – d. h. eine schwere körperliche Krankheit – Halt sagt (Herzinfarkt, Bandscheiben usw.). Jüngere Männer geben sich heute indes deutlich körperbewusster. Sie achten mehr auf ihr Aussehen (Bodybuilding, Kleidung, Kosmetik), ihre Ernährung und genießen das Schöne und die Ruhe.

Kirche, Religion und Glaube

»Männer ohne Kirche, Kirche ohne Männer!«

Dass Männer im Gottesdienst fehlen, wurde schon im letzten Jahrhundert beklagt. In den letzten Jahrzehnten aber wurde ihr stiller und stetiger Auszug alarmierend. Laut einer Statistik der Evangelischen Kirche in Deutschland (EKD) sind unter den sonntäglichen Gottesdienstbesuchern lediglich 25 Prozent Männer. Ähnliche Zahlen gibt es für den Bereich der ehrenamtlichen Mitarbeit. Sieht man einmal von Leitungsgremien (Kirchengemeinderäte) oder Posaunenchören ab, so gibt es in den Gemeinden Arbeitsbereiche, in denen fast nur oder überwiegend Frauen engagiert sind: Kindergottesdienst, Seniorenkreise, Besuchs- oder Hospiz-Gruppen usw. In vielen Gemeinden existiert so etwas wie eine von Männern geleitete Frauenkirche. Und der Trend geht weiter. Denn unter denen, die aus der Kirche austreten, befinden sich rund 60 Prozent Männer. Bereits 1989, also vor dem Säkularisierungsschub durch die Wiedervereinigung, gehörten in Westdeutschland in der Altersgruppe der 30 bis 50-jährigen Männer mehr als ein Fünftel keiner Religionsgemeinschaft an. Sicherlich mag die so einzusparende Kirchensteuer eine Rolle spielen. Die eigentlichen Gründe liegen jedoch viel tiefer.

Männliche Religiosität: »Selbst ist der Mann!«

Auch wenn moderne Männer fast sprichwörtlich unkirchlich geworden sind und um alles, was mit Kirche und Glaube zu tun hat, einen großen Bogen machen, haben sie religiöse Bedürf-

nisse, suchen nach Sinn, Ganzheit, Erlösung und Unendlichkeit. Darauf weist nicht nur ein Blick auf andere Religionen (betende Juden an der Klagemauer, kniende Moslems beim Freitagsgebet usw.). Auch bei uns praktizieren Männer religiöse oder pseudoreligiöse Rituale im Stadion (Hymnen: »Fußball ist unser Leben!«), im Verein (Vereinsfahne) oder im Verhältnis zum Auto (Kultobjekt). Da ist mitunter enorm viel Gefühl und Inbrunst mit im Spiel. In der Regel aber ist männliche Religiosität nach Aussagen von Religionspsychologen geprägt von großer Nüchternheit:

Männer diskutieren und streiten mit größter Leidenschaft über Gott und die Welt, über das Absolute und Letzte, über Wahrheit und Lüge. Sie konstruieren Systeme und postulieren Prinzipien, um sie dann in ihrem Leben kompromisslos zu praktizieren.

Sie fordern Rationalität, Logik und Beweise. »Faulen Zauber« lehnen sie ab.

Männer neigen dazu, solches Nachdenken für sich allein mit sich selbst abzumachen, ohne Gruppe und Gemeinde, gewissermaßen auf einem Waldspaziergang, wo man, ohne gestört zu sein, mit der Natur und Gott allein ist.

»Transzendenz-Erfahrungen« suchen Männer eher darin, dass sie Risiken auf sich nehmen und versuchen, Grenzen zu überschreiten. Sie testen ihre eigenen Kräfte aus, etwa im Sport (Autorennen, Extremklettern usw.). Sie arbeiten in der Forschung und Wissenschaft daran, das Geheimnisvolle zu enträtseln (Entstehung des Kosmos) und Neuland zu erobern (Weltraum- oder Genforschung).

Männer bevorzugen klare, verständliche und praktizierbare Regeln und Rituale, wo man weiß, was man zu tun und zu lassen hat.

Männliche Religiosität äußert sich besonders in der Tat, ohne viele Worte. Es muss nicht gleich so explizit formuliert sein, wie das ein Chefarzt gegenüber seinem Gemeindepfarrer ausdrückte: »Am Sonntag sehen Sie mich kaum in der Kirche. Mein Gottesdienst besteht darin, dass ich am Sonntagmorgen bei meinen Patienten im Krankenhaus bin und mich um sie kümmere.« Wichtige Stichworte sind in diesem Zusammenhang: Ethik, humanitäre Einstellung, praktisches Tun (z.B. Renovierung

der Kirchenmauer; selbstloser Einsatz bei der Oder-Flutkatastrophe 1997). Man spricht hier von einer Art »weltlicher Berufsfrömmigkeit« (»Wenn ich meine Pflicht in Beruf, Familie und Gesellschaft erfülle, bin ich ein guter Christ!«). Ausdruck männlicher Religiosität ist also häufig das Tun: »Selbst ist der Mann!« Das Vertrauen auf die eigenen Kräfte und der tief verwurzelte Wille zur Unabhängigkeit gilt gerade auch für diesen Bereich. Keine Frage: Aus einer solchen Haltung erwachsen enorme gesellschaftliche und humanitäre Leistungen. Trotzdem spiegelt sich darin eine sehr einseitige Lebens- und Glaubensweise. Der katholische Theologe und Männerforscher Paul Zulehner hat in diesem Zusammenhang auch vom »halbierten Leben« gesprochen. Er beklagt, Männern sei in unserer Gesellschaft der Zugang zu den Innenräumen des Menschseins, zu Herz und Seele versperrt, sie überforderten sich selbst und schnitten sich so von der Quelle des Lebendigen ab.
Das bestätigen auch empirische Untersuchungen. Die amerikanische Psychologin Janice Halper hat bei Managern hinter der Fassade des strahlenden Erfolgs und äußerer Überlegenheit und »coolness« eine »stille Verzweiflung« ausgemacht. Viele litten – meist uneingestanden – unter einer innerlichen Leere, Ausgebranntsein und einem zunehmenden Zweifel gegenüber ihrem eigenen Lebensstil und den von der Konkurrenzgesellschaft vertretenen materiellen Werten. »Männer ab 40 verrotten vor dem Fernseher!«, hieß die reißerische Schlagzeile einer Zeitungsmeldung, in der darauf hingewiesen wurde: Männer in der Lebensmitte, die ihre beruflichen Ziele erreicht haben, bringen oftmals nicht die Kraft und Kreativität auf zu einem neuen Aufbruch und zur Suche nach Zielen, die jenseits von Karriere, Macht oder Materiellem liegen. Darunter leidet insbesondere auch das Engagement für Gesellschaft und Kirche.

»Religion gilt im Abendland als Frauensache«

Religion wurde in Westeuropa immer mehr zur Privatsache. Die gesellschaftliche Bedeutung der Kirchen hat enorm abgenommen, die Säkularisierung hat insbesondere durch die Vereinigung mit dem 40 Jahre bewusst atheistisch und antikirchlich regierten Ostdeutschland einen enormen Schub bekommen. Um in der Öffentlichkeit etwas zu gelten und in ein politisches

Amt gewählt zu werden, ist es mehr und mehr unwichtig geworden, ob ein Mann den Gottesdienst besucht oder Mitglied einer Kirche ist. Ganz im Gegenteil: Wer als auf der Höhe der Zeit stehend gelten will, muss auf Distanz zur Kirche und den als antiquiert betrachteten Glaubensinhalten gehen. Die christlichen Kirchen haben dazu in nicht unerheblichem Maße beigetragen. Sie gebärdeten sich lange Zeit als anti-modern und anti-naturwissenschaftlich und reagierten auf den gesellschaftlichen und sozialen Wandel meist verspätet und mit überholten Rezepten. Vielfach ist es nicht gelungen, deutlich zu machen, was der Glaube an den dreieinigen Gott beizutragen hat für die Gestaltung der modernen Arbeits- und Lebenswelt und welche Kraft hier verborgen liegt.
Dazu kommt: Christlicher Glaube und Spiritualität sind mit Werten und Haltungen verbunden, die im öffentlichen Bewusstsein als »weiblich« gelten. Christliche Tugenden wie Fürsorge, Einfühlsamkeit, Barmherzigkeit, Dienen, Selbstlosigkeit, sich Zurücknehmen, Toleranz usw. gelten für viele als Merkmale von Außenseitern und Verlierern. Im christlichen Glauben steht die Erlösung durch Christus im Mittelpunkt. Sie geschieht nicht durch Leistung, sondern wird geschenkt, empfangen im Glauben. Christlicher Glaube scheint eher zu dem zu passen, was Frauen traditionell zugeschrieben wird, aber nicht zu dem, was Männer zu sein haben: stark, aktiv, unabhängig, überlegen. Viele Männer sehen – leider – in zentralen Aussagen christlichen Glaubens einen Frontangriff auf ihr Mannsein. Dazu kommt, dass sie Christlichkeit in ihrer Jugend vielfach als kaum mehr als eine Aneinanderreihung von Verboten und Einschränkungen erlebt haben: »Alles, was gut schmeckt und Spaß macht, ist Sünde.«

»Abschied vom halbierten Leben«

In jüngster Zeit hat sich nicht nur beim Männerbild einiges bewegt. Es hat, wie Männerforscher formulieren, eine »Enthärtung« stattgefunden. Männer sehnen sich nach einer ganzheitlichen Männlichkeit, in der sich neben den harten, »männlichen« Anteilen auch die meist verschütteten weichen, »weiblichen« Anteile entfalten können. Sie wollen Abschied nehmen von einseitiger Außen-, Konkurrenz- und Leistungs- oder Sach-

orientierung. Emotionalität und Innerlichkeit sind gefragt. So entsteht auch eine neue Offenheit für Religion, Spiritualität und Glaube. Männer suchen nach hilfreicher Orientierung, nichtmateriellen Werten und nicht zuletzt nach Orten, an denen sie zu sich und auch zu Gott kommen können und an denen sie Kraft schöpfen können für die Bewältigung ihres Alltags.
Auch für die biblische Botschaft öffnen sich damit Türen. Es kommt darauf an, etwa in der Beschäftigung mit biblischen Männergestalten das große Befreiungspotenzial des Evangeliums lebendig und spürbar werden zu lassen. In seinem Licht können Männer ihre meist verdrängten Schattenseiten annehmen und sowohl zu ihrer eigenen Schwäche, Angst, Schuld, Gewalt und ihrem Scheitern stehen als auch zu ihren echten Stärken und Möglichkeiten. Viele Männer wurden in den letzten Jahren durch die Bücher des amerikanischen Theologen Richard Rohr inspiriert. Am Bild der beiden Reisen und der beiden Thomas-Gestalten im Neuen Testament hat er eindrücklich skizziert, worum es geht: Mit dem Jünger Thomas gelte es für Männer, die Reise nach innen, »ins Weibliche«, zu unternehmen und die eigene Bedürftigkeit, Schwäche und die Sehnsucht nach Ergänzung zu erkennen und zu bejahen. Und dann mit der Gestalt des Täufers Johannes die Reise ins »Männliche« anzutreten, um so Kontakt mit der »männlichen Energie« zu bekommen. Aus ihr könnten sich dann wieder verstärkt Leiden und Leidenschaft, Entschiedenheit und ein kämpferischer Einsatz für Wahrheit und Gerechtigkeit, Frieden und Bewahrung der Schöpfung entwickeln. Zu beiden Reisen brauchen Männer Mut und Unterstützung. Insbesondere von der Frage, ob auch die Reise ins Männliche gewollt wird, ob auch männliche Werte gefragt sind, könnte es abhängen, ob Männer den christlichen Glauben als ihren eigenen Weg bejahen und von ihrer tief sitzenden Skepsis abrücken, dass Christentum vor allem Frauensache ist.

Ausblick und Aufgaben kirchlicher Männerarbeit

In der Gegenwart sind Männer stark wie kaum einmal in der Geschichte herausgefordert, ihr Selbstverständnis zu überdenken. Das führt vielfach zu tiefer Verunsicherung. Es ist aber auch die Chance zu einem Neuanfang. Dass dabei vielfach schmerzliche Abschiede nötig und Ungewissheiten auszuhalten sind, ist eine Erfahrung, die schon Abraham und das Volk Israel bei seinem Aufbruch ins Gelobte Land machen mussten. Alte und scheinbar bewährte Gesellschafts- und Geschlechter-Ordnungen, in denen der Mann das Oberhaupt und die Frau die Dienerin, wo der Mann fürs Außen und die Frau fürs Innen zuständig ist, stellen auf diesem Weg Versuchungen dar, die nur hemmen und notwendige Veränderungen blockieren. Die Verheißung des Evangeliums lautet: Männer haben beim Aufbruch in diese Zukunft mehr zu gewinnen, als sie durch den Abschied von einer einseitigen, durch Leistung und Macht definierten Männlichkeit verlieren. Bisher brachliegendes Land gilt es, zu betreten, zu bearbeiten und so Ganzheit zu erfahren. Dazu gehören vor allem die Gefühlswelt und der Glaube an den lebendigen und Lebendigkeit schaffenden Gott der Bibel.
Es wird darauf ankommen, dass die Kirchen und insbesondere die kirchliche Männerarbeit Männer auf diesem oft mühsamen Weg begleiten und ihnen bei der Suche die nötige Unterstützung geben. Es gilt, Anwalt der Männer zu sein, einseitiger und pauschaler Verdammung von Männlichkeit entgegenzutreten und die positiven Seiten echter Männlichkeit zu entfalten. Evangelische Männerarbeit wird sich dabei von Jesus von Nazareth leiten lassen, der bei seinen Begegnungen die Stärken und Möglichkeiten der Männer gesehen und in Anspruch genommen hat (vgl. Lk 5,1 ff.), um dann auch auf ihre Probleme und Defizite, ihr Versagen und ihre Schuld einzugehen. So angenommene und heil-gemachte Männer werden in einer künftigen Gesellschaft und in ihren Kirchen eine entscheidende und belebende Rolle spielen.

Christoph Rau, 48 Jahre, verheiratet, Landesmännerpfarrer
in der Evang. Landeskirche in Württemberg

Andreas Malessa

Ein Mannsbild, das mich fasziniert

4 Szenen aus dem Leben Davids – heute für Männer aktuell

Softie mit Führungsqualitäten
Den Termin zum Vorstellungsgespräch hätte er beinahe verpasst. Es ging um nichts weniger als die Thronfolge in der Monarchie seines Heimatlandes, aber als Königsmacher Samuel (heute würden wir sagen »der Headhunter einer Agentur für Führungskräfte«) alle möglichen Muskelmänner aus Vater Isais Familie begutachtet hatte, schien keiner geeignet. »Hast du noch andere Söhne?«, fragt Samuel den Vater, dessen anfänglicher Stolz sich zu leichter Verwirrung gewandelt hatte. »Öh, na ja«, druckst Isai herum, »den Jüngsten und Kleinsten hab ich noch. Aber der ist, wie soll ich sagen, der ist halt bei den Schafen.« »Bei den Schafen?!« Samuel denkt nach.
Welche Eigenschaften muss ein Hirte haben? Auf der Schalmei spielen können? Nein: Damals wurde einem Hirten mit den Herden das gesamte Betriebskapital und die Existenzgrundlage seiner Familie oder die anderer Leute anvertraut.
Er muss Weiden in Top-Lage von Wiesen mit Giftpflanzen unterscheiden können; er muss das Wetter beobachten, Wegezeiten kalkulieren, Quellbäche suchen und Salzlachen meiden, wilde Tiere verjagen, Widder im Zaum halten, trächtige Schafe schonen, Lämmer tragen, kurz: Ein Hirte muss vorausschauend, umsichtig, zäh, kämpferisch, aber auch fürsorglich und zärtlich sein.

»Gott sieht das Herz an«, sagt Samuel nachdenklich und – salbt den Hirtenjungen David vom Fleck weg zum neuen König Israels.
Mit Großmäuligkeit oder Hauruck-Mentalität ist eine Herde nicht zu dirigieren. Versuchen Sie mal, Schafe anzuschreien …
Was mich an David also erstens fasziniert: Er ist ein Softie mit Verantwortungskompetenz, Entscheidungswillen und Führungsqualitäten (1. Samuel 16,4–13).

Kämpfer in Bescheidenheit
Beim Kampf mit übermächtigen Feinden verzichtet David auf die damals neueste Hightech-Ausrüstung, vertraut nicht in erster Linie auf die Hardware aus Panzerweste, Schild, Schwert und Helm, findet einschüchternde Statussymbole eher hinderlich, entscheidet sich gegen die Materialschlacht nach dem Motto »viel hilft viel«. Stattdessen legt David erst mal ab, womit sich Männer im Beruf sonst gerne umgeben. Trainiert lieber die Software in Kopf und Herz: hochkonzentriert, blitzschnell, zielgenau denken und sich bei Gott aufgehoben und geborgen fühlen. David tritt im Krieg Israels gegen die Philister mit einer kleinen Steinschleuder und mit fünf handverlesenen Bachkieselsteinen der hochgerüsteten Kampfmaschine Goliat entgegen.
Äußerlich ungeschützt wird er nämlich prompt unterschätzt, und das ist schon sein erster taktischer Vorteil. Goliat lacht dröhnend, fühlt sich von diesem Gegner nicht ernst genommen, wird darüber wütend und – passt eine Sekunde lang nicht auf. Das war's.
Was mich also an David zweitens fasziniert: Er ist ein Kämpfer mit dem Willen zum Sieg. Aber nicht hinter einem wuchtigen Mahagonischreibtisch, Firmen-Logo am Revers, protzigem Dienstwagen und hierarchischer Wichtigtuerei, sondern mit Vertrauen in die Macht

und Kraft des lebendigen Gottes, mit souveräner Gelassenheit und mit einer sympathischen, geradezu schlauen Bescheidenheit (1. Samuel 17,38–50).

Würdenträger mit Zugang zu Gefühlen

Als nach langen Kriegsjahren und wechselnden Regierungen die heiligen Gerätschaften des Tempels – die Schriftrollen des Gesetzes und etliche andere Symbole der Anwesenheit Gottes – in der so genannten »Bundeslade« endlich nach Jerusalem zurückgeführt werden können, da tanzt der königliche Würdenträger ausgelassen vor Freude an der Spitze des Festzuges durch die Stadt. Es ist Nationalfeiertag, die Massen säumen die Straßen und der erste Mann im Staate winkt nicht dezent hinter abgedunkelten Scheiben hervor, sondern will seine Begeisterung und seinen Dank Gott gegenüber »abtanzen«. Jeder Fernsehreporter hätte die Bilder seines Lebens bekommen: Roman Herzog hemmungslos auf einer Art religiöser »Love Parade«! Aus dem Fenster ihrer Präsidentensuite schaut Davids Ehefrau auf ihn herab – im doppelten Sinne – und findet die Darbietung grottenpeinlich. »Wo bleibt denn da die Würde deines Amtes! Ein Herrscher als halb nackte Hupfdohle. Du musst repräsentieren, Menschenskind. Morgen werden sich die traditionellen Gralshüter der Konvention das Maul zerreißen, besorgte Konservative werden wieder ihre Leserbriefe schreiben und die Opposition bedankt sich für die Steilvorlage!« »Ich habe in Körpersprache gebetet«, antwortete David, »ich habe die Freude über Gottes Gegenwart in der Freiheit der Kinder Gottes ausgedrückt.«

Was mich drittens an ihm fasziniert: Er ist eine hoch gestellte Persönlichkeit mit unverschüttetem Zugang zu kindlichen Gefühlen. Ein Mann, den die Last seines Berufes nicht kalt und krustig gemacht hat, der nicht wie viele Männer heute vor Würde kaum laufen kann und sich vor jeder Herzensregung überlegt: »Wie seh' ich dabei aus, was denken jetzt die Leute«, sondern er ist ein mächtiger Mann mit dem Mut zu unbekümmerter Jungenhaftigkeit (2. Samuel 6,14–21).

Sünder mit intaktem Rechtsempfinden

Zur uneingeschränkten Machtfülle eines Potentaten – in des Wortes doppelter Bedeutung – gehörte in der Antike offenbar auch, dass er sich eine Frau ins Schlafzimmer bestellen kann, die er zufällig im Garten gesehen hat und die er attraktiv findet. Sie ist aber die Ehefrau eines Hauptmanns der kämpfenden israelischen Armee! Macht der Macht nix. Batseba wird schwanger und David gewährt ihrem gehörnten Gatten großzügig ein paar Tage Heimaturlaub. Sein Plan: Uria wird sich von den Strapazen des Krieges in den Armen seiner Frau erholen, und wenn er erfährt, dass sich Nachwuchs anmeldet – na, dann freut er sich sogar! Pech für den Intrigenschmied David: Der wackere Hauptmann übernachtet in der Kaserne. Aus Solidarität mit seinen Soldaten da draußen. Also muss Plan B aus der teuflischen Trickkiste: David schreibt eine taktische Anordnung an Urias Vorgesetzten, ein völlig aussichtsloses Himmelfahrtskommando, und tatsächlich: Hauptmann Uria fällt im Kampf ganz ehrenhaft für König, Volk und Vaterland. Beim Staatsbegräbnis am flaggenbedeckten Sarg habe der Monarch tiefe Trauer gezeigt, heißt es in den Abendnachrichten …

David ist ein Ehebrecher und ein Mörder. Aber Gott ist ein Richter: Es klopft an die Palasttür, Prophet Nathan steht da und erzählt dem zunächst etwas ratlos zuhörenden David die Geschichte eines reichen Herdenbesitzers, der das einzige und geliebte Schaf seines armen Nachbarn klaut und schlachtet. David springt auf. »Eine Riesensauerei! Dem nehm ich die Rübe ab! Da wird jeder Staatsanwalt das Höchstmaß …« Und Nathan unterbricht ihn: »Du bist der Mann! Ich rede von der Batseba-Affäre.«

Nathan, der Gesandte Gottes, ist ein guter Journalist. Er spricht mutig das Ungeheuerliche aus und konfrontiert die Mächtigen mit der Wahrheit. Erstaunlicherweise ist Davids Rechtsempfinden nämlich noch intakt. Jeder Korruptionskünstler weiß genau, dass es Unrecht ist, was er tut. Männer wissen präzise, dass es keine Kavaliersdelikte sind, wenn Familien zerstört, wenn betrogene Frauen und Männer psychisch fertig gemacht werden.
Nathan ist aber auch ein geschickter Seelsorger. Unter seiner Gesprächsführung findet der Klient die eigene Diagnose. Und Nathan setzt noch eins drauf: »Weil du nun Gott, den Herrn, verhöhnt hast …« Wann hatte David das letzte Mal diese Formulierung gehört – »den Herrn verhöhnen«? Richtig: Als die gotteslästerliche Dumpfbacke Goliat immer vor dem Heerlager auftauchte und Gott verhöhnte. Und jetzt sollte *er*, David, sich durch egoistische Sexualität verwandelt haben in die Fratze seines Feindes? Nathan sagt im Kern: »Ich kenn dich ja schier nicht wieder, David. Du siehst aus wie Goliat.«
Das sitzt.
David hatte die Schriftrollen des Gesetzes in der Bundeslade nicht nur als Kulturgut gefeiert, sondern auch gelesen. Und da steht drin, dass der lebendige Gott erklärtermaßen auf der Seite der Entrechteten, der Übervorteilten, der Chancenlosen und Machtlosen steht. In diesem Fall: auf der Seite Batsebas und Urias. Dass Gott sich so weitgehend mit den Beklauten dieser Welt identifiziert, dass *ihn* verhöhnt, wer *sie* verhöhnt. Weshalb wir heute, angesichts der uneingeschränkten Machtfülle moderner Wirtschafts-Potentaten, dringend ein paar Nathans gebrauchen könnten, die das wieder sagen: Wer die Armen verhöhnt, lästert den lebendigen Gott.

Aber was soll an dieser vierten David-Szene nun so faszinierend sein?
David legt nicht den Arm um Nathans Schulter, grinst und lässt eine Flasche Trockenbeerenauslese kommen: »Mein lieber Prophet, schau mal, da steht eine nackte Frau unter der Dusche, mich erwischt's voll, das ist doch ganz natürlich. Hat Gott uns nicht mit dem Zauber der Erotik geschaffen? Ist das wunderbare Spiel aus Verführen und Begehren nicht seine Idee? Ich bin ein gesunder Mann, Mann!«
David biegt nicht Gottes gute Schöpfung so lange krumm, bis er die Verantwortung für sein Sexualverhalten an den Himmel delegieren kann. Sondern David tut etwas sehr Männliches: Er geht auf die Knie.
Er hat genug Rückgrat, er hat genügend Ehrgefühl und Selbstachtung, ohne Wenn und Aber zu sagen: »Gott sei mir Sünder gnädig! Ent-schuldige mich, erneuere mich, gib mir ein ungespaltenes, reines Herz und mach mich gewiss, dass dein heiliger, guter Geist in mir wirkt.« David ist ein Sünder mit intaktem Rechtsempfinden, abrufbarem Schuldbewusstsein, mit der Einsicht zur Reue und der Bereitschaft zur Umkehr. Das finde ich ebenso beeindruckend wie den *Softie mit Führungsqualitäten*, den *Kämpfer in Bescheidenheit* und den *Würdenträger mit Zugang zu Gefühlen* (2. Samuel 11; 12,1–14; Psalm 51).

Andreas Malessa ist Hörfunkjournalist und Fernsehmoderator beim Südwestrundfunk und DeutschlandRadio sowie Pastor im Bund ev.-freikirchl. Gemeinden.

Männer weinen heimlich

Wie Männer mit Gefühlen umgehen

Männeraugen wurden zur tränenfreien Zone erklärt
Männer haben sehr viele Gefühle. Das Problem ist nur, dass ein Mann sie nicht zeigen darf oder will. Vielleicht kennen Sie es auch aus Ihrer Erziehung: »Ein Junge weint nicht!« Solche Sätze sitzen tief. »Mann« darf nicht weinen – und wenn's dann gar nicht mehr anders geht, muss Mann es heimlich tun.

Dazu kommt: Wir Männer haben Angst vor Gefühlen. Ich weiß das gut. Mir macht es manchmal panische Angst, wenn Gefühle mich zu überschwemmen drohen und ich den Halt oder die Haltung verliere. Denn auch das hat man mir beigebracht: Männer müssen immer selbstbeherrscht sein! Man(n) muss sich doch im Griff haben! Hoch- und Tiefgefühle passen nicht in die harte Welt der Kämpfer, wo alles berechenbar und machbar ist.

Aus dem folgt: ein Mann darf nicht schwach sein. Er muss immer cool sein, immer eine Lösung haben, immer stark sein. Nur die Sieger zählen – die Verlierer zahlen. Die Sieger stehen im Rampenlicht – die Verlierer stehen dumm rum. Die Sieger bekommen Beifall – die Verlierer höchstens ein Kopfschütteln. Aber das gilt nicht nur beim Sport, sondern in allen Lebensbereichen. Es ist bitter, wenn ein Mann arbeitslos wird. »Du Looser! Du Verlierer!« Und klammheimlich hat man den Verdacht: womöglich ist der nicht nur ein Verlierer, sondern ein Versager. Das tut weh. Aber wehe dem, der seinen Schmerz auch noch öffentlich zugibt, mit Tränen in den Augen.

Konkurrenz
So kämpfen wir alle um die guten Plätze, möglichst weit oben, in der Nähe der Sieger. Nicht nur im Sport, sondern auch im ganz normalen Leben, auch in der Kirche erleben wir, wie die Sieger zählen und die Verlierer zahlen.

Das beginnt mit der Erziehung zur Konkurrenz: Ständig wird man gemessen und verglichen mit anderen. Aber aus dem Vergleichen kommen Neid und die Gefühle der Minderwertigkeit oder der Überheblichkeit. Die Menschheitsgeschichte ist davon geprägt. In Erzählungen der Bibel wird das schon beschrieben: Adam und Eva vergleichen sich mit Gott, und sie stellen fest: »Er hat etwas, das wir nicht haben. Wir wollen haben, was er hat. Wir wollen nicht kleiner sein als er, wir wollen nicht nur ebenbildlich sein, wir wollen selbst Gott sein.« Aus dem Vergleichen kommt es zum heimtückischen Diebstahl.
Bei Kain und Abel kommt aus dem Vergleichen der Brudermord.
»Das Opfer meines Bruders

»Reiß dich gefälligst zusammen!«

wird besser angenommen als meines. Der kommt bei Gott besser an als ich.« Der Konkurrent muss weg!

So ist es bis heute: Der andere hat mehr als ich – mehr PS, mehr Geld, mehr Verstand, mehr Ansehen, mehr Einfluss, mehr Macht, mehr Schönheit, mehr…

Die Gefühle der Minderwertigkeit oder Unterlegenheit setzen uns hart zu. Wehe dem, der jetzt keinen Raum hat, in dem er diese Gefühle herausweinen kann. Wenn dieser Schmerz ständig hinuntergeschluckt wird, dann werden wir krank. Nicht nur an der Seele, sondern auch körperlich. Noch bevor irgendein Mediziner das Wort »Psychosomatik« (der Zusammenhang zwischen psychischer und körperlicher Erkrankung) buchstabieren konnte, hat es in der Bibel schon einer formuliert und gebetet. In Psalm 32 heißt es: *»Als ich es wollte verschweigen, verschmachteten meine Gebeine.«* Das ist Psychosomatik. Als ich meine Schuld verbergen, meine Betroffenheit verschweigen, mein Umgetriebensein verstecken wollte, als ich sozusagen alles in mich hineingefressen hatte, da verschmachteten meine Gebeine. Da wurde ich krank.

Weinen gehört zum Menschsein

Weinen befreit. Weinen ist nicht peinlich oder ärgerlich, sondern zutiefst menschlich. In der seelsorgerlichen Begegnung gehört es mit zu den bittersten Erfahrungen, wenn ein Mensch einem anderen sich öffnet und sagt: »Ich kann nicht weinen. Ich habe keine Tränen mehr.« Wie befreiend wäre es gerade für einen solchen Menschen, wenn er weinen könnte, wenn es aus ihm herausbrechen könnte. Oft werden Menschen, die nicht weinen können oder wollen, innerlich hart wie Stein. Sie haben dann auch kein Verständnis für andere Menschen, die ihren Gefühlen Raum geben.

Wenn ich recht informiert bin, dann ist das Weinen bei keiner anderen Kreatur vorhanden. Tiere weinen nicht. Nur Menschen. Erst wenn wir das Weinen wieder lernen, können wir Menschen werden. Wobei wir das »Weinen« als Ausdruck des innersten Sich-Öffnens verstehen können, des Eingeständnisses: Ich muss nicht immer stark sein. Ich darf auch schwach werden. Ich muss meine Gefühle nicht »im Griff« haben. Ich kann es auch zulassen, dass sie mich einmal packen und bewegen – und dass ich dies dann auch zu zeigen bereit bin.

Ich muss nicht nur stark sein

In der Bibel gibt es Geschichten, die uns zeigen, dass Männer weinen und schwach sein können, ohne dass sie darunter zerbrechen oder als Schwächlinge abgewählt oder abgelehnt werden.

Da gibt es die Geschichte eines bedeutenden Propheten: *Elia*. Dieser Elia leistete wirklich Herausragendes in der Geschichte des Volkes Israel. Er kämpfte sehr darum, dass Israel gefälligst wieder Gott die Ehre gibt und nicht nebenher einen Zweitgott verehrt.

Er führte auf dem Berg Karmel, so wird berichtet, eine Art »Wetten, dass ...« durch: »Wetten, dass mein Gott Feuer machen kann und eurer nicht?« Die Baalspriester versuchten durch religiöse Übungen verzweifelt, ihren Gott dazu zu bringen, Feuer an das bereitgelegte Opfer zu legen. Aber ein Gott, den es nicht gibt, kann auch kein Feuer machen.

Demgegenüber zeigte sich der Gott Israels als der lebendige Gott. Ein großartiger Sieg und Triumph – wohl auch für Elia. Tage später hört er, wie Königin Isebel, die diese anderen Götter in Israel eingeführt hatte, ihm den Tod androht. Jetzt bricht Elia zusammen. Er wird ängstlich und depressiv.
Er geht in die Wüste. Dort legt er sich unter einen Ginsterbusch und sagt: »Ich will nur noch sterben. Ich bin am Ende. Gott nimm meine Seele von mir!« Er ist zutiefst depressiv, in einem Loch, lebensmüde nicht lebenssatt, lebensmüde. Trotz dieses Triumphs.

Das finde ich so großartig an den biblischen Erzählungen, dass solche Tiefen nicht verschwiegen werden wie sonst so oft in der Geschichtsschreibung. Auch von denen, die Herausragendes vollbringen im Namen und Auftrag Gottes, wird berichtet, wie sie schwach sind und versagen, wie sie weinen und nicht mehr können.

Wunderschön geht die Geschichte von Elia weiter. Der Prophet liegt unter dem Ginsterbusch – und Gott schickt ihm einen Engel. Der tippt ihm auf die Schulter und sagt: »Wach auf! Elia, steh auf! Da hinten liegt geröstetes Brot. Iss und trink und stärke dich!«
Herrlich, wie Gott mit denen umgeht, die niedergeschlagen sind. Da kommt nicht ein Bote mit dem Anspruch: »Mensch, Kerl, reiß dich zusammen! Elia, Kopf hoch! Es wird schon wieder!« Da ist nicht die Rede davon: »Mensch, Elia, noch vor ein paar Tagen hast du eine großartige Erfahrung mit Gott gemacht, hast seine Stärke demonstrativ erlebt.« Kein Appell, kein Vorwurf. Nein: »Iss und trink!« Es ist die Leibsorge und Seelsorge Gottes. Iss und trink! Ein zweites Mal kommt der Engel zu Elia, und da denkt man: So, jetzt könnte er ja ein bisschen mit ihm schimpfen oder ihm wegen seiner Kleingläubigkeit mindestens die gelbe Karte zeigen, wenn nicht sogar die rote. Aber noch einmal sagt der Engel: »Iss und trink!«; und nun kommt ein Halbsatz noch dazu: »... denn du hast einen weiten Weg vor dir.« Da wird nicht an der Erinnerung herumgemacht. Da wird nichts korrigiert. Da wird einfach gegeben, was Elia jetzt für seinen Körper und für seine Seele braucht: Stärkung und ein neuer Auftrag.

Auch im Neuen Testament sehen wir die Geduld und das Erbarmen Gottes mit den Schwachen, den Mühseligen und Beladenen, den Ausgeschlossenen, den Weinenden und den Versagenden. Zum Beispiel Petrus, ein Mann der Tat, mit großem Selbstbewusstsein. Er hat sich fest vorgenommen, bei Jesus zu bleiben und notfalls mit ihm zu sterben. Aber dann im Hof des Hohen Priesters, als eine Frau auf ihn zukommt und sagt: »Du, du gehörst doch auch dazu!«, sagt er: »Den habe ich noch nie gesehen. Den kenne ich nicht!« Dreimal! Bis endlich ein Hahn nach ihm kräht und er hinausgeht und bitterlich weint. Wirklich ein Versager mit großem Mundwerk. Aber auch da geht es anders weiter als in unseren Strukturen, wo Verlierer und Versager rausgeworfen werden. Der auferstandene Jesus begegnet

ihm – und man denkt: jetzt kommt die Abrechnung! Doch es passiert wie bei Elia: Auch Jesus gibt den müden und hungrigen Jüngern, unter ihnen Petrus, zuerst etwas zu essen. Dann nimmt er Petrus auf die Seite. Dreimal stellt er Petrus die alles entscheidende Frage: »Hast du mich lieb?« Er fragt nicht: Was hast du getan? Auch nicht: Was willst du für mich tun? Er fragt nicht nach Taten, sondern nach der Liebe. Petrus, der Mann der Tat, spürt: Eine Liebesbeziehung ist weit mehr als jede große Tat oder Untat. Er verspricht nicht: Herr, ich will's wieder gutmachen! Sondern: »Herr, du weißt, dass ich dich lieb habe.« Danach gibt ihm Jesus erneut den Auftrag: »Du bist der Fels, auf den ich meine Kirche bauen will.«
So behandelt Gott all die Schwachen, die Verlierer und Versager. Sogar Verbrechern gilt die Liebe Gottes. Der letzte Gesprächspartner von Jesus war ja ein Gangster, der wegen seiner Untaten gekreuzigt wurde – und ausgerechnet diesem verspricht Jesus das Paradies.

Nicht nur die Starken, nicht nur die Goldmedaillen-Leute, nicht nur die bis Platz 3 kommen ins Rampenlicht der Liebe Gottes, sondern gerade auch die, welche im Loch hängen, depressiv und voller Ängste nicht mehr weitersehen. Wenn ich versagt habe und weine und meine Sorgen nicht los werde, dann ist Jesus ganz nahe bei mir.

Wie ehrlich können wir sein?

Wie ehrlich können wir sein in unseren Gemeinden, in unseren Häusern? Bei einer Veranstaltung kam ein Mann auf mich zu und sagte: »Ich bin viele Jahre Mitglied im Kirchengemeinderat. Und seit etwa sieben Jahren leide ich unter schweren Depressionen. Ich bekomme Psychopharmaka, damit ich einigermaßen durchhalte. Ich habe das noch keinem Menschen hier in der Gemeinde gesagt. Ich traue mich nicht, es dem Kirchengemeinderat mitzuteilen, dass ich leide.«

Ich dachte: wo sind wir eigentlich hingekommen? Was ist das für eine Lebenssituation, in der man nicht ehrlich sein kann? Er hat Angst davor, dass man ihn möglichst bald wegschieben

wird. Denn Schwache haben doch bei uns keinen Platz – erst recht keine schwachen Männer.
Dabei müsste gerade die Gemeinde von Jesus Christus ein Ort für die Schwachen sein. Gibt es in unseren Gemeinden auch für Männer einen Ort, an dem sie ehrlich und schwach sein können? Kann man sich beispielsweise in einem Hauskreis einfach mal hinsetzen, stöhnen und sagen: »Hört auf mit euren Halleluja-Liedern und mit euren Liedern der Freude! Ich kann nicht mehr. Ich bin am Ende! Mir ist über Nacht mein Glaube abhanden gekommen.«? Kann »Mann« das ehrlich irgendwo sagen?

In der Welt höre ich, dass nur das Starke und Perfekte überleben darf. Aus den biblischen Geschichten höre ich, dass ich nicht immer stark sein muss. Ich muss nicht immer gut drauf und vor allem nicht nur perfekt sein, sondern echt. Ich muss mich nicht mit dir vergleichen und muss nicht so sein wie du. Aber ich muss endlich *ich* sein.

Darum brauchen wir Räume zum Klagen, Weinen und Schwachsein. Welch ein Segen ist es für Israel, dass in Jerusalem die Klagemauer steht. Wo gibt es in unseren Gemeinden so etwas? Manchmal frage ich an Orten, in denen vieles läuft, gerade auch starke Männer: »Wann feiert Ihr auch mal einen Heulgottesdienst? Wo all die Mühseligen und Beladenen, die Belasteten und Depressiven, die Niedergeschlagenen und Einsamen, die Verzweifelten, die Kranken, die Schwächlichen, die, die nicht mehr können, kommen und weinen dürfen?«

In Gottesdiensten höre ich oft Gebete, die keiner Emotion mehr Platz lassen. Haben wir nur Männergebete in unserer Kirche gepflegt? Biblische Gebete sind voller Emotionen. Da wird zum Ausdruck gebracht, wie es um einen steht. Ich bin froh, dass wir nicht nur den 23. Psalm haben, sondern auch den 22. Da ruft ein Mann: »Mein Gott, mein Gott, warum hast du mich verlassen?« Dann beschreibt der Beter in Bildern: »Meine Gebeine sind in mir wie zerschmolzenes Wachs.« Was für eine Emotion! Wagen wir es auch zu sagen – ein Mann dem anderen: »Komm mir jetzt nicht und sag: ›Reiß dich zusammen, zeig Rückgrat!‹ Ich habe keines. Wenn ich dir beschreiben soll, wie mein Rückgrat aussieht: es ist wie zerschmolzenes Wachs.« Der Beter von Psalm 22 klagt weiter: »Ich komme mir vor wie ausgeschüttetes Wasser. Verläppert auf dem Boden, verdunstend, dreckig, wo jeder ›durchlatscht‹. Ich fürchte mich vor all denen, die um mich herumstehen – wie Stiere mit gesenkten Hörnern – und die dann auch noch rufen: ›Er klage es seinem Gott. Der mag ihm helfen, wenn er will.‹« Was für

Emotionen! Auch Jesus hat diesen Psalm in seiner letzten Stunde gebetet. Haben wir wirklich alles hinaufgezogen in den Kopf, auch bei den Gebeten in unserer Kirche, dass da emotionslos Theologie an Gottes Ohr gebracht wird anstatt unsere Erbärmlichkeit oder unsere Fröhlichkeit. Wo sind die Gottesdienste für die Weinenden, für die Müden – auch für die müden Männer?

Können wir uns beschenken lassen?

Die Botschaft von der geschenkten Gnade durch Christus ist für Männer eine blanke Zumutung. Das haben wir doch von klein auf gelernt: Alles muss ich mir verdienen. Für alles muss ich bezahlen. Alles hat seinen Preis. Wer von uns kann sich noch beschenken lassen? Unsere Weihnachtsgeschenke sind ja auch längst keine Geschenke mehr, sondern ein Warenaustausch.

Vielleicht müssen wir das wieder von den Kindern lernen, wie man sich beschenken lässt. Das meint auch Jesus, wenn er sagt: »Wenn ihr nicht werdet wie die Kinder, dann könnt ihr nicht ins Reich Gottes kommen.«

Manchmal stelle ich mir das sehr humorvoll, aber mit tiefem Ernst so vor: Ein Mann steht auf der Schwelle des Himmels und sagt: »Ach ist das schön, dass ich hier rein darf. Wenn ich bloß wüsste, wie ich das wieder gutmachen kann.«
Wer kann sich noch beschenken lassen? Die Botschaft von der geschenkten Gnade ist – vor allem für Männer – eine Zumutung. Alle Religionen, in denen es möglich ist, dass man eine Leistung bringt, um in die ewigen Jagdgründe oder in den Himmel zu kommen, sind viel eher »Männerreligionen«.

Doch die Botschaft der Bibel sagt: Nicht ich muss es bringen. Jesus hat es vollbracht. Und uns fällt es so furchtbar schwer zu sagen: Danke! Ich gehe hinein in den Himmel und frage gar nicht, wie ich es wieder gutmachen kann.

Tränen im Himmel

Ich hatte einmal die Aufgabe, bei einem Jugendgottesdienst über das Thema »Tränen im Himmel« zu predigen. Die Verantwortlichen erzählten mir: Dem Schlagersänger Eric Clapton sei ein Kind verstorben. Darauf hätte er ein Lied gemacht: »Tränen im Himmel« (Tears in heaven). Natürlich erwartete man von mir, dass ich davon rede, wie im Himmel alle Tränen abgewischt werden. Aber mich hat dieser Titel auf eine andere Spur geführt. Ich dachte »Tränen im Himmel«? Tatsächlich, ich bin überzeugt, es wird nirgendwo so viel geweint wie im Himmel. Ich bin überzeugt davon: Die Tränen Gottes über diese verderbte Menschheit haben zu Weihnachten geführt. Das Endergebnis des weinenden Himmels ist das Kommen von Jesus in diese Welt. Ich stelle mir dann auch vor – so habe ich es diesen jungen Leuten gesagt –, dass jeder Mensch nicht nur einen Schutzengel habe, sondern wohl auch einen Heulengel. Einen, der stellvertretend für mich weint, wenn ich mal wieder stark sein muss. Der stellvertretend für mich schluchzt, wenn ich die schweren Brocken hinunterschlucke und mannhaft lächle. Der stellvertretend für mich weint über meine Schuld und mein Versagen. Ich glaube, nirgendwo wird so viel geweint wie im Himmel. Stellvertretend. Aber eben auch in dieser tiefen Traurigkeit über die Verlorenheit des Menschen und über die männliche Arroganz, die meint: »Ich lass mir nicht helfen. Ich lass mir nichts schenken! Ich schaffe das selbst! Zeig mir den Hebel, wie ich in den Himmel komme! Ich will ihn gerne bewegen. Und wenn es mit letzter Kraft ist.«

Spuren der Vergangenheit
Wie viel letzte Kraft bieten wir auf, um oft genug auch gegen uns selbst zu leben? Da sind Spuren und Verletzungen aus der Vergangenheit. Sie machen sich emotional bemerkbar; aber als Mann darf ich ja angeblich nicht die Selbstbeherrschung verlieren. Also wird verdrängt, vertuscht, verleugnet, was eigentlich auch zu unserem Leben gehört. Da gibt es doch Kratzer auf unserer Seele und tiefe Narben, die wehtun, wenn jemand daran rührt. Wir können als Männer einander ganz neu helfen, mit diesen inneren Verletzungen umzugehen.

Wir könnten der Welt ein anderes Gesicht geben, wenn wir sie nicht nur behandeln würden im Sinne von »Hand anlegen«, wenn wir sie nicht nur bedenken würden im Sinne von »Gedanken haben«, wenn wir dieser Welt begegnen würden mit unserem eigenen *Ich*, mit der Trauer und dem Schmerz und all dem, was in uns lebendig ist. Diese Welt braucht das Gesicht der Menschlichkeit, wo Lachen und Weinen – bei Frauen und Männern – dicht beieinander sind.

Alles Harte wird auf die Dauer starr. Der Heilige Geist will steinerne Herzen aufweichen. Nicht, damit Menschen Weichlinge werden, sondern damit sie echt und natürlich leben lernen.

Funktionäre müssen funktionieren

Unser Zwang zum Funktionieren lässt die Fähigkeit zu den Beziehungen verkümmern, und die Funktion deckt dann die Person zu. Oft genug. Man will doch von dir oft genug nur deine funktionierenden Fähigkeiten, nicht deine Person. Der moderne Mensch, so sagen die Freizeitforscher, lebt in drei Welten, die nichts miteinander zu tun haben: in der Arbeitswelt, der Wohnwelt und der Freizeitwelt. Und diese Welten dürfen sich nur am Rand ein bisschen berühren. In der Arbeitswelt interessiert kaum, wie es dir zu Hause geht. Zu Hause interessiert oft niemand, wie es dir bei der Arbeit geht. Und in der

Freizeitwelt will man möglichst nicht über Arbeit oder Arbeitslosigkeit, über Freigesetztwerden oder Vorruhestand reden. Da will man genießen.

Darum heißt das Motto unserer Gesellschaft: Du musst funktionieren wie eine Maschine, präzise. Sonst kann man dich nicht brauchen. Tränen kann man in der Arbeit, an der Maschine oder im Büro nicht dulden. Auch zu Hause muss man die entsprechenden Funktionen ausfüllen – als Vater, als Ehemann, als Unterhalter, als Ordner oder Häuslesverwalter. Und im Urlaubsgeschehen wird wieder von uns erwartet, dass wir gut drauf sind. Wehe, du bist im Urlaub nicht in bester Stimmung! Funktioniere!
Ganz anders sieht es die Bibel. Sie zeigt: Ich darf auch schwach sein. Darf mit meinen Grenzen leben. Darf Gefühle haben und sie zeigen.

Ich darf Gefühle haben
Wie gehen wir Männer mit unseren Gefühlen um? Mit den positiven und den schmerzlichen? Die biblischen Geschichten und die emotionalen Psalmgebete wollen uns helfen, dass wir lernen: Ich kann voller Freude jubilieren, aber ich darf auch schwach sein. Ich darf als Menschenkind und Gotteskind lachen und weinen, loben und klagen. Gefühle, Emotionen sind in der Bibel nicht verboten, aber der Geist will uns lehren, menschlich damit umzugehen.

Dir ist Erbarmung widerfahren. Grund zum Weinen und Lachen. Tränen der Scham und Freudentränen. Wenn uns so etwas geschenkt wird, wenn uns so etwas widerfährt! Was für eine großartige Geschichte! Können wir uns beschenken lassen von diesem Gott, der dann all das Alte, das Verletzte in unserer Seele, das Vernarbte, das Verkratzte, das Zerstörte, das Zerschlagene, das Depressive, alles mit hineinnimmt in diese Gnade? Sind wir Männer wirklich schon so steinhart, dass uns das nicht ans Herz geht, dass uns das nicht rühren sollte? Wenn Jesus sagt: »für dich gestorben« – lässt uns das kalt und wollen lieber unseren eigenen Tod sterben, weil wir gewohnt sind, alles selbst zu machen, alles selbst zu bezahlen?

Es mag sein, dass in unserer Gesellschaft Tränen nicht zum Mannsein gehören, aber sie gehören ganz gewiss zum Menschsein. Es mag sein, dass der Glaube an den sich schenkenden Gott nicht männlich genug ist, aber ganz gewiss ist: Ich muss es nicht bringen, denn Christus hat es vollbracht. Darum: ich schäme mich meines Glaubens nicht – aber auch nicht meiner Tränen.

Eugen Reiser, Jahrgang 1943, verheiratet, drei Kinder. Ausbildung in der Missionsschule Unterweissach. Elf Jahre im Evangelischen Jugendwerk in Württemberg im Reisedienst. Seit 1988 Leiter der »Kirche unterwegs« der Bahnauer Bruderschaft.

Ulrich Mack

Was ist der Mann wert?

Wie viel ist ein Mann wert? Wie viel bin ich wert?
Zugegeben: Keine leichte Frage. Was ein 7er-BMW wert ist, weiß der Händler. Wie viel eine Daimler-Aktie wert ist, erfahre ich bei der Börse. Wie viel gerade ein Liter Benzin wert ist, steht groß an der Tankstelle. *Aber*: Was ist ein Mann wert?
Was bin ich wert? Mal ehrlich, Männer, was sagen wir dazu? »Kommt immer drauf an, wie ich mich sehe« – sagen wir. Und wann. Ob morgens direkt nach dem Aufstehen im Badezimmerspiegel. Ober abends vor dem Ausgehen ins Theater. Um wie viel machen mich Kamm, Rasierer und »for men«-Wässerchen wertvoller? Und der Gürtel, der nicht die Welt, aber immerhin meinen Bauch zusammenhält?
»Kommt immer darauf an, wer mich sieht« – erklären wir dann. »Und woran mich jemand misst.« Wer setzt, errechnet, taxiert meinen Wert?
Ein Biologe rechnete einmal aus: Der Körper eines durchschnittlichen Mannes hat einen »Materialwert« von etwa 21,– DM. Die Zellstoffe, Mineralien, Knochen und die anderen Stoffe, aus denen wir bestehen, sind nicht besonders teuer. Nur durch Goldfüllungen im Gebiss oder eine künstliche Hüfte steigt der Materialwert eines Mannes deutlich.
Was bin ich wert? Wer taxiert, was ich wert bin?
Ich stieg in die S-Bahn. Alles war überfüllt. Ich stand. Ein Mädchen saß. Sie musterte mich von oben bis unten und dann wieder von unten bis oben. Und da passierte es: Das Mädchen stand auf und bot mir ihren Platz an – mir, dem doch noch jugendlich wirkenden, frischen Vierziger, dem erst ganz leicht grau melierten, nur sehr wenig – oder? – fülligen, ehemals fast athletischen Bild von einem Mann. Sie stand einfach auf und bot mir ihren Platz an. Ich war so perplex, dass ich mich wirklich erst mal setzte. Meine Knie wankten – und mein Selbstwertgefühl auch.
Was bin ich wert? Bei Salat, Benzin und Gold schwanken die Preise. Da schwankt der Wert. Spezialisten sagen dann etwas von Wertsteigerung und Wertverlust. Warum der Wert steigt

und warum er fällt und wie er überhaupt zustande kommt – das ist beim Öl kompliziert, bei Aktien und beim Gold auch – und ich behaupte: bei uns auch. Bei uns Männern.
Was ist an mir wertvoll? Was macht mein Leben, mein Dasein voller Wert?
Vier Überlegungen sollen weiterhelfen.

1. Jeder Mensch lebt davon, dass er was wert ist

Wer nur Wertlosigkeit erfährt, geht ein. Wem man jeden Tag klarmacht: »Du bist eigentlich nichts wert«, der verwelkt wie eine Schnittblume. Wer ernsthaft von sich denkt: »Ich bin nichts wert«, wird seelisch krank und gilt als selbstmordgefährdet. Darum basteln wir jeden Tag an unserem Wert – bewusst oder unbewusst. Einen guten Teil unserer täglichen Bemühungen, Aktionen und Energien verbrauchen wir dazu, unseren Wert zu erhalten oder zu steigern. Und umgekehrt: ein Teil unserer Aggressionen dient vor allem dazu, den Wert unseres Lebens zu verteidigen – damit auch den Wert unseres Mannseins.
Wie können wir ihn erkennen und messen? Wir haben dafür Maßstäbe. Sie sind individuell unterschiedlich, hängen mit den Prägungen durch Elternhaus und Gesellschaft zusammen, aber auch mit dem Bild, das wir von unserem Mannsein haben. Fünf solcher Maßstäbe, die für Männer wichtig sind, möchte ich nennen:

1. Wert-Maßstab: *Leistung*

In diesem Maßstab werden wir von klein auf eingeübt: Leistung zählt. »Du bist, was du kannst«, macht der Lehrer schon in der Schule klar. Was du wert bist, steht zuerst auf dem Zeugnispapier, dann auf dem Ausbildungsabschluss, schließlich auf dem Lohnzettel.
Das ist unter Männern in unserer Gesellschaft Wertmaßstab Nummer 1, und es hält sich im Männerleben weitgehend durch: Was ein Leben wertvoll macht, ist Leistung: »Du bist, was du kannst, und was zählt, ist Erfolg ...« Und was »Mann« darum als

wertvoll erachtet, ist alles, was er zu seiner Leistung braucht: Stärke, Durchsetzungsvermögen, Macht. Das, so sagt man dann, seien die männlichen Attribute, die das Leben wertvoll machen. Ohne Leistung und Karrierewillen ist der Mann kein Mann. Ein kerniger, leistungswilliger Mann ist ein erfolgreicher und eben dadurch ein wertvoller Mann – so lauten die Maximen unserer Gesellschaft; und so fühlen wir als Männer uns selbst, ob im Büro, an der Werkbank oder im Bett. Am wertvollsten ist der Held, der Unendliches leistet: der Sagenheld von gestern genauso wie der Held von heute – der Managerheld in der Industrie oder der Langstreckenheld im Stadion oder der Erlebnisheld in der Zigarettenwerbung. Am weitesten hat der Mann es gebracht, der auf der Karriereleiter ganz oben landet, der die Fäden zieht, der Macht in seinen Händen hält. Ist Mann schwach, heißt er bald ein Versager, eine Niete, ein Waschlappen. Darum stellen wir unsere Leistung dar, weisen auf unsere Großtaten hin, zeigen unsere Machtsymbole vor; der feine Anzug hilft zum guten Aufzug, und die Nobelkarosse als Dienstwagen spiegelt den noblen Dienst, den wir leisten. Denn Leistung zählt.

2. Wert-Maßstab: *Geld*

Für viele Männer hängt ihr Selbstwert unmittelbar mit der Höhe des Einkommens zusammen. Das Sparbuch wird zum Wertindex, die persönliche Vermögensbilanz zur Lebensbilanz. Wobei gilt: je unheimlicher die Höhe des Einkommens und Vermögens, desto heimlicher geht Mann damit um. Er zeigt dann einen Teil dessen, was er – natürlich für seine Leistung! – verdiente, allenfalls in Villa, Auto oder Urlaub. »Das bin ich mir wert«, stand auf einem Werbeplakat für teure Männerkleidung. Weil ich etwas leiste, kann ich mir was leisten. Ich bin, was ich habe.

3. Wert-Maßstab: *Aussehen*

Dieser Wertmaßstab ist sicherlich bei Frauen ausgeprägter als bei Männern. Die manchmal langwierige Entscheidung der Ehegattin vor dem Kleiderschrank: »Was lege ich heute an?«, bedeutet ja auch: Wie verpacke ich meinen Wert am schönsten? Reagiert darauf der entnervte Ehemann mit einem »Mir egal«,

dann ist sie völlig am Ende; er denkt: wegen ein paar Klamotten heult man doch nicht rum; aber sie empfindet: Bei ihm bin ich gar nichts wert!
Doch die Textil- und Parfümindustrie hat längst auch den Mann als den Kunden entdeckt, dem sein Aussehen etwas wert ist. Dem guten Job muss heute oft das attraktive Outfit entsprechen. Fitness-Center verdienen an der Sehnsucht nach einem gestylten Body. Männermagazine und Werbung zeigen, wie Mann auszusehen hat.

4. Wert-Maßstab:
Ansehen
Was denken andere über mich? Darauf achten wir. In einem schwäbischen Dorf traf ich am Samstagvormittag einen Mann mit blauer Arbeitsschürze und einer Hacke über der Schulter. Ich wünschte ihm viel Erfolg bei seiner Arbeit, aber er zögerte und flüsterte mir dann zu: »Ich will eigentlich gar nichts schaffen, nur mit den Leuten reden; aber weil man am Samstagvormittag eigentlich arbeiten sollte, zieht jeder sich einen Arbeitsschurz an und nimmt eine

Hacke mit, damit die anderen denken, man gehe zur Arbeit, und der gute Ruf gewahrt bleibt.« Und der Mann fügte hinzu: »Das macht übrigens jeder hier so.« Der gute Ruf ist uns wichtig. Darum duellierten sich früher Männer, wenn es um die verletzte Ehre ging. Darum strahlen Männeraugen stolz bei Lob. Darum hängen Ehrenurkunden an der Wand.

5. Wertmaßstab: ***Lusterfahrung***

Trendforscher sprachen Anfang der neunziger Jahre vom hedonistischen Materialismus (»Hedomat«) bei Jugendlichen: Inbegriff eines glücklichen und wertvollen Lebens sei das Geld-haben und -ausgeben – und zwar für alles, wozu man gerade Lust hat. »Bock drauf« reicht als Begründung, warum man gerade jetzt etwas tut oder nicht. Dieser Trend ist längst nicht mehr nur eine Tendenz unter Jugendlichen. Waren in früheren Generationen Pflichterfüllung, Treue, Anstand, Karriere und Sparsamkeit (im Sinn von Anhäufung von Vermögen) erstrebenswerte Ziele, um das Leben glücklich und wertvoll zu machen, so gehört heute die individuelle Lusterfahrung dazu – bei vielen Männern an führender Stelle. Die Werbung zeigt schweißgebadete, dabei glücklich strahlende Männer, die einen Berggipfel erklimmen, die sich durchs Wildwasser gerade noch hindurchretten, die Wüsten- oder Gletschertouren überleben. Fun, Abenteuer, Extremerfahrungen in Freizeit und Sport prägen das Idealbild eines erfüllten Mannseins. Der Mann am Ende des 20. Jahrhunderts soll und darf seine maskulinen Instinkte wieder mobilisieren, den Helden in sich selbst entdecken und machen, was Spaß macht und zur (Lust-)Befriedigung führt. Dazu gehört auch der Bereich der Sexualität. Dabei spielt die Potenz eine entscheidende Rolle für den Selbstwert des Mannes. Die starke Nachfrage nach der »Potenz-Pille« Viagra (eine Tablette kostet über 30,– DM!) in den USA belegen dies. Ein Arzt sagte: »So, wie die Männer auf die Pille abfahren, müssen 90 Prozent der Männer impotent gewesen sein.« Doch wer gibt schon zu, gerade in diesem Bereich Schwierigkeiten zu haben?

Zusammenfassend können wir im Blick auf diese fünf Wert-Maßstäbe festhalten: Wir wollen etwas wert sein – und darum achten wir auf die Wertmaßstäbe, kämpfen um unseren Wert – und tun das oft sogar unbewusst.

2. In Krisen kommen wir dann, wenn unser Wert sinkt

Misslingt die Wertsetzung in den genannten fünf Bereichen, werden diese zu Krisenpunkten des Lebens:

Leistung

Es kommt zur Krise, wenn im Lauf der Jahre immer deutlicher wird: Ich bin kein Held! Wenn im Geschäft klar wird: der junge Kollege kann es besser als ich. Wenn einer mit 40 merkt: jetzt ist mein Leben in Bahnen gelenkt, die beruflichen Möglichkeiten sind geklärt, der soziale Status – Frau, Kinder, Haus, Auto – sind fest; da kommt die Ernüchterung: »So weit bringst du's also im Leben und vermutlich nicht viel weiter.« Liegt hier der Grund dafür, dass relativ viele Männer zwischen 40 und 45 noch mal ausbüchsen möchten – aus den bisherigen Gleisen, aus dem alltäglichen Kampf, aus der Ehe? Und wenn der Mann mit 50 oder 60 merkt: Ich bin alt und kann nicht mehr so? Oder wenn einer krank wird, behindert, gelähmt? Oder wenn einer in den Ruhestand kommt? Die meisten Männer freuen sich auf die letzten Lebensjahre ohne Arbeitsstress; doch viele tun sich mit diesem »Stand« auch schwer, wenn sie ihren Wert nicht mehr aus ihrer Leistung ableiten können und keine »erfüllende« Aufgabe mehr haben. Eine Ehefrau sagte: »Seitdem mein Mann in Rente ist, steht er mir zu Hause nur im Weg rum und weiß mit sich nichts mehr anzufangen; und seitdem nörgelt er nur noch.« Hängt die relativ hohe Sterblichkeitsrate der Männer zwischen 63 und 67 mit dem Gefühl zusammen, jetzt nichts mehr wert zu sein? Auch Männer, die länger arbeitslos sind und auf Bewerbungen immer nur Absagen bekommen, erleiden den Zusammenhang zwischen ihrem Selbstwert und der Leistung, die von ihnen nicht mehr gefragt ist.

Geld

Männer, die sich überschuldet haben, sind ein verheimlichtes Problem unserer Gesellschaft; denn wer erzählt schon öffentlich davon? Eine Schuldnerberaterin erklärte mir: »Nicht einmal die Nachbarn wissen oft von der Schuldenlast, die auf vielen

Männern drückt. Oft sind sie in einem Teufelskreis gefangen: Schulden – Eheprobleme – Alkohol – noch mehr Schulden – Scheidung – noch mehr Zahlungsverpflichtungen usw. Der Geld-Verlust führt so schnell zum Selbstwertverlust.«

Aussehen

Beim jungen, dynamischen Mann kein Problem. Doch was ist, wenn ich alt werde? Wenn die straffe Haut Runzeln zeigt? Wenn der Bauch durchs Hemd drückt und die Glatze durchs Haar? Wer den Wert seines Mannseins explizit an sein jugendlich-frisches Outfit gebunden hat, wird sich noch eine Zeit lang gegen das Altern wehren können; aufhalten kann er es nicht. Eine ernüchternde Feststellung – nicht nur für schöne Frauen. Ist, wer beim Outfit nicht mehr fit ist, dann bald out?

Ansehen

Nicht erst, wenn andere negativ über einen reden und der Ruf geschädigt wird, kann das Ansehen zum Problem werden. Kleine Sticheleien im Betrieb, Misserfolge, das Gefühl, von anderen geschnitten zu werden – solche Erfahrungen können an einem Mann nagen. Dabei leiden Männer unter zwei grundsätzlichen Problemen:

Zum einen haben sie – im Vergleich mit Frauen – oft weniger Gespür für zwischenmenschliche Beziehungen – im Kollegenkreis, im Verein oder am Stammtisch. Sie sind wenig geübt, seelisch Bedrückendes verbal auszudrücken und dann zu verarbeiten. Oft bleibt nur ein dumpfes Gefühl, das durch Stärke überspielt oder durch Alkohol betäubt werden muss.

Zum anderen macht eine gesellschaftliche Tendenz es Männern schwieriger, ihren Wert selbstverständlich und positiv zu erfahren: Noch vor einigen Generationen hatte in der Regel die Frau den Mann zu ehren – eben als Mann, der über ihr stand, der Ehe und Familie nach außen hin vertrat und dessen (»Macht«-)Wort galt. Heute empfinden immer mehr Männer die Frauen als das in vieler Hinsicht »stärkere« Geschlecht. Frauen »eroberten« in den letzten Jahrzehnten viele Bereiche, die früher nur Männern vorbehalten waren (hohe Schulbildung, akademische Berufe, Politik, Wirtschaft, Medien usw.) – und sie stehen dort oft besser »ihren Mann« als mancher Mann.

Kein Wunder, dass dies Männer verunsichert. Studien haben gezeigt, dass ein beträchtlicher Teil der Männer, die regelmäßig ein Bordell aufsuchen, dies nicht tun, weil sie sonst keine Möglichkeit zu sexuellen Kontakten hätten (oft wartet zu Hause eine äußerlich attraktivere Ehefrau), sondern weil sie dort endlich wieder über eine Frau herrschen und ihre Stärke zeigen können.

Lusterfahrung

Wenn der Wert an Fun hängt, an möglichst viel Spaß, Erlebnis, sexueller Erfüllung – was ist dann, wenn jemand krank ist, behindert, gebrechlich? Was, wenn jemand zu wenig Geld oder zu viel Arbeit hat, um seine Träume wahr werden zu lassen? Was, wenn Leiderfahrungen Lusterfahrungen in den Schatten stellen? Ist Mann dann weniger wert?

Im Blick auf alle genannten Bereiche lässt sich zusammenfassen: Viele Persönlichkeitskrisen hängen mit unserem Selbstwert zusammen. Nicht wenige Ehekrisen entstehen aus Schwankungen in der gegenseitigen Wertschätzung.

Die Folgen von verlorenem Selbstwert sind in Deutschland über 1800 Selbstmorde jährlich und noch viel mehr Versuche. Die Folgen von Wertverlust sind Streit, Trennung und Flucht in Süchte. Ein jung verheirateter Mann sagte: »Wenn meine Schwiegermutter naht, dann fühle ich mich so wertlos, dass ich zur Flasche greifen muss, um mich innerlich wieder stark zu machen.«

Die Frage für uns Männer lautet darum: Wie gehen wir mit unserem Wert um? Wie finden wir ihn? Woran messen wir ihn? Kämpfen wir weiter um das dumpfe Gefühl eines Lebenswertes, wie immer der auch aussieht? Nach dem Motto »Augen zu und durch! Es wird schon abwärts gehen – und irgendwann sind wir eben nichts mehr wert, und man trägt uns hinaus«? Das kann's wohl nicht sein.

Wir können als Männer lernen, den Wert unseres Lebens und unseres Mannseins noch einmal ganz neu zu entdecken. Die Quelle für unseren Lebenswert werden wir allerdings nicht in uns finden: nicht in dem, was wir selbst tun und erleben. Der Wert unseres Lebens liegt außerhalb von uns selbst.

Das Geheimnis für ein erfülltes Mannsein wird darin bestehen, diesen Wert zu entdecken und ihn aufzunehmen. Das sollen die beiden folgenden Abschnitte zeigen:

3. Wir sind wertvoller, als wir uns je selbst einschätzen können

Das erfahre ich aus der Bibel. Ich will das, was die Bibel über den Wert eines Lebens sagt, mit der Widmung in einem Buch vergleichen. Ein Buch kann noch so alt, verstaubt, zerlesen oder überholt sein – wenn das Buch eine persönliche Widmung enthält, wird es wertvoll. Und wenn es die persönliche Widmung des Autors ist, macht diese das Buch unverwechselbar und einmalig.

Die Bibel behauptet nun: In das Leben jedes Mannes sind zwei persönliche Widmungen eingetragen, die jedes Leben wertvoll und einmalig machen. Wichtig für ein erfülltes Mannsein ist, diese Widmungen zu entdecken und für sich gelten zu lassen.

Die erste Widmung stammt aus dem 1. Teil der Bibel, dem Alten Testament:

»Du bist wunderbar gemacht –
ein Geschöpf aus Gottes Hand.«
(vgl. Psalm 139)

Diese Widmung sagt uns Männern:
- Jeder Mann ist einmalig. Er ist so, wie er ist, ein Original aus Gottes Schöpferwerkstatt, nicht geklont, nicht kopiert, kein Massenprodukt.
- So, wie Gott mich als Mann gemacht hat, ist es gut – mit diesem Aussehen, mit den Begabungen, auch mit den Schwächen – mach nicht dran rum! Gott hat sich etwas dabei gedacht, und er hat mich so gemacht, wie ich bin, und so bin ich wertvoll.
- Wir müssen den Wert unseres Lebens nicht erst machen. Wir müssen uns nicht erst finden und unser Leben auch nicht

erst verwirklichen, bevor wir etwas wert sind. Weil wir von Gottes Hand gemacht sind, sind wir wertvoll. Das Leben und damit unser Mannsein trägt den Stempel »Made by God«.

So sagt die erste Widmung. Bei einem Buch kann ich rumnörgeln, kann es missachten, wegwerfen, ein schöneres kaufen; aber das werde ich nicht tun bei einem Buch, in dem eine persönliche Widmung steht.
Wie gehen wir mit uns um – mit unserem Mannsein?

Vielleicht werden jetzt manche »*Aber*« laut: Ich fühle mich wertlos, weil in meinem Leben so viele Negativerfahrungen vorherrschen, lauter Minuszeichen:
– Meine Eltern haben mich nie richtig gemocht.
– Mein Vater hat mich missbraucht.
– Der Chef hat mich seelisch verbogen.
– Die Ehekrisen haben mich entstellt.
– Meine Träume von Karriere und Geld sind zerplatzt.
– Eine harmonische Familie schminke ich mir längst ab.
Manche Männer haben so viele Minuszeichen in ihrem Leben erfahren, dass sie an ihrem Selbstwert zweifeln und die erste Widmung nicht für sich annehmen können. Kann ich dennoch meinen Wert so hoch ansetzen?

Die 2. Widmung stammt aus dem 2. Teil der Bibel, dem Neuen Testament:

»Ihr seid teuer erkauft.«

Ein Mann namens Paulus hat diese Widmung in einem seiner Briefe aufgeschrieben – und zwar gleich zweimal (1. Korintherbrief 6,20 und 7,23).
Paulus beschreibt Folgendes: Da kam einer in diese Welt – Jesus Christus –, der die Sehnsucht der Menschen nach einem wertvollen, erfüllten Leben gespürt hat. Er hat geblickt, wie wir uns krampfhaft bemühen, wertvoll zu sein. Er hat aber auch gemerkt, unter welchem Wertdefizit wir leiden durch all die Minus.
Aber das wollte Jesus nicht. Gottes Geschöpfe sollen nicht an Wert verlieren, sollen nicht verloren werden.

Darum setzte dieser Jesus Christus sich ein, nicht bloß mit guten Worten oder guten Taten; sein Einsatz hat ihn das Leben gekostet. Er hat selbst einmal kurz vor seinem Tod gesagt: »Ich gebe mein Leben hin wie eine Bezahlung, ein Lösegeld.« Dieser Mann setzte sein Leben ein gegen den Wertverlust unseres Lebens.
Am Abend vor seinem Tod hat Jesus mit zwölf anderen Männern das Abendmahl gefeiert. Dabei sagte er im Blick auf seinen Tod: »Mein Leib – für dich gegeben, mein Blut – für dich vergossen« – und er meinte damit: So viel bist du mir wert, dass ich dafür mit meinem Leben bezahle. Das hat Gott so gewollt. Das ist Ausdruck seiner Liebe zu uns.
Im Bild ausgedrückt: Gott macht aus dem Minuszeichen vor unserem Leben ein Pluszeichen.
Das Kreuz, an dem Jesus stirbt, ist dafür das Zeichen.

Zurück zu Paulus: Er behauptet nun, dass Jesus etwas mit unserem Selbstwert zu tun hat; und im Zusammenhang dieser Aussage im 1. Korintherbrief macht er deutlich: Wenn wir unseren Wert von Jesus her verstehen, dann können wir nicht einfach beliebig über uns denken und auch nicht beliebig mit uns und unserem Leben umgehen. Es kommt vielmehr darauf an, sich selbst mit den Augen Gottes zu erkennen. Also nicht darauf starren, wie ich selbst über mich denke und wie ich selbst meinen Wert einschätze, sondern vielmehr: wie Gott über mich denkt. Wie er mich einschätzt.
Für Paulus ist dann nicht nur das Erkennen wichtig, sondern auch dass ich das gelten lasse, was Gott über mich sagt – über mein Mannsein, über den Wert meines Lebens. Wenn ich den Wert meines Lebens von Gott her verstehe, komme ich innerlich zur Ruhe. Wenn ich den Wert, den die beiden Widmungen in mein Leben schreiben, für mich annehme, komme ich zu einem erfüllten Mannsein.

4. Weil wir wertvoll sind – darum voller Wert leben

Die innere Qualität des Mannseins hängt entscheidend davon ab, welchen Wert wir für uns gelten lassen und wie wir diesen Wert (er)leben. Um den Wert, den die beiden oben genannten Widmungen ausdrücken, zu (er)leben, hier ein paar praktische Tipps:

TIPP 1: Sehen Sie jeden Tag irgendwann bewusst das eigene Leben in der Perspektive der Widmung Gottes
Sich in einer stillen Minute zurücklehnen, für einen Moment innerlich alles fallen lassen (vor allem alles Bedrückende!) und sich klarmachen: Gott ist jetzt da – und bei ihm bin ich unendlich wertvoll! Oder es sich still sagen: Gottes Widmung gilt mir jetzt in diesem Augenblick. Ich bin von ihm geliebt, erlöst, befreit, wertvoll.
Es kann dabei hilfreich sein, einen Satz aus der Bibel dazu zu lesen (z. B. ein Satz aus den täglichen »Losungen«). Auch ein formuliertes Gebet ist eine gute Möglichkeit. Wichtig ist der Gedanke: Ich lasse jetzt bewusst das Pluszeichen Gottes vor meinem Leben gelten – trotz allem, was gerade gegen meinen Selbstwert spricht; trotz allem, was mein Chef Negatives denkt; trotz aller Fehler und aller Selbstzweifel: Ich bin von Gott gut geschaffen und ich bin von Jesus teuer erkauft.
Es ist schon viel wert, einmal am Tag kurz über diesem Gedanken zur Ruhe zu kommen und mal alles andere für einen Moment loszulassen. Wenn das alle Männer machen würden, wäre manche Ehe entspannter, manche Atmosphäre im Büro befreiter, mancher Stress weniger.

TIPP 2: Verbieten Sie sich die Einschätzung Ihres Wertes nach anderen Maßstäben (Leistung, Geld, Aussehen, Ansehen, Lust)
Denn erstens sind diese Wertmaßstäbe sehr brüchig; spätestens im Tod brechen sie ganz ein; und zweitens sind sie eine Beleidigung Gottes – wenn man sich überlegt, was Gott dafür eingesetzt hat.

Der Apostel Paulus hat diesen Tipp etwas anders formuliert. In 1. Korinther 7 – daraus stammt die zweite Widmung – schreibt er weiter: »Werdet nicht der Menschen Knechte« – anders übersetzt: »Macht euch nicht zu Sklaven menschlicher Maßstäbe.« Wenn ich weiß: Bei Gott bin ich wertvoll, dann muss ich mir nicht selbst erst krampfhaft einen Wert verschaffen und den Starken nach außen raushängen, der vor Frauen protzen oder der Kollegen schneiden oder der seine Kinder anschreien muss, um noch etwas vor ihnen zu gelten.

Ich weiß: Es ist nicht immer leicht, die Wert-Einschätzung Gottes für sich gelten zu lassen. Die menschliche Natur flüstert uns immer wieder ein: »Du bist nur das wert, was du kannst – du bist nur das wert, wie gut du aussiehst – du bist nur das wert, was du dir leisten kannst …«

Doch die Bibel sagt es anders: Du bist nicht das, was du leistest, und dein Wert hängt nicht an dem, was du hast. Sondern du bist von Gott geschaffen und geliebt. Es ist eine Lebensaufgabe, das immer mehr für sich gelten zu lassen.

TIPP 3: Haben Sie Mut zum Gefühl

Wer seinen Wert innendrin von Gottes Händen festgehalten weiß, der kann auch Gefühle zulassen. Das Männlichkeitsbild der letzten Jahrzehnte (und Jahrhunderte) bläute Männern und Frauen ein, dass ein starker Mann keine Gefühle zeigen darf; denn wenn ein Mann merkt, dass Gefühle ihn »beherrschen«, empfindet er sich selbst als schwach – und weil er sich schwach fühlt, ahnt er einen Verlust seines Selbstwertes. Darum klammern wir Männer Bereiche aus, die zu sehr von Gefühlen bestimmt sind. Darum, so heißt es in unserer Gesellschaft, darf ein Mann nicht weinen. Darum passiert es auch recht selten, dass ein Mann z. B. zu einer Eheberatung kommt und sagt: »Unsere Ehe ist angeknackst, nur meine Frau will es nicht wahrhaben …« (in 95 Prozent aller Fälle ist es genau umgekehrt!).

Doch das Defizit des Mannes muss nicht bleiben. Wenn wir unseren Wert von Gott her gegeben sehen, dann können wir fröhlich Ängste ablegen und Mut haben zum Gefühl. Psychologen sprechen von der Notwendigkeit, dass ein Mann die »anima« in sich zu entdecken lernt – all die Bereiche, die mit Gefühl zu tun haben und in denen wir im Blick auf unseren Wert so verletzlich sind. Doch ein »teuer erkauftes« und darum erlöstes Mannsein kann Mut haben zum Gefühl.

TIPP 4: Haben Sie Mut zur ehrlichen Schwäche
Wer seinen Wert von Gott bestimmt und festgehalten weiß, der kann Schwächen zugeben, ohne einen Wertverlust zu be-

fürchten. Männer gehen oft mit ihren Schwächen unehrlich um – anderen und auch sich selbst gegenüber; denn sie haben Angst, dass der ehrliche Kern weit wertloser erscheint als die so starke Maske. Doch ein Mannsein, vor dem das erlösende Pluszeichen Gottes steht, kann auch Schwächen zulassen. (Mehr zu diesem Thema schreibt Eugen Reiser in diesem Buch: »Männer weinen heimlich«.)

TIPP 5: Sehen Sie auch Ihre Mitmenschen als Geschöpfe unter Gottes Wert-Widmung

Je mehr wir selbst von Gottes Wertung geprägt sind, desto mehr wird dies unseren Umgang mit unseren Mitmenschen prägen. Wir werden lernen, mit ihnen umzugehen als von Gott geschaffene und geliebte Menschen. Wenn ich ganz wertvoll bin, dann ist es auch mein Mitmensch – und das ändert meine Beziehung zu ihm. Es ist dann nicht einfach männlich, andere niederzumachen, um seinen Wert zu beweisen. Es ist nicht nötig, andere ihr Minus spüren zu lassen, um selbst im Plus zu stehen. Der *neue Mann*, der erlöste Mann, kann einfühlend sein, herzlich, offen für den Wertverlust anderer Menschen. Denn wir machen alle letztenendlich unseren Wert nicht selbst, sondern bekommen ihn geschenkt.

Jörg Knoblauch

Der Mann und seine Zeit

Immer mehr Männer stöhnen: »Ich schaff's nicht mehr.« Die Arbeit im Betrieb nimmt zu. Viele Männer, die sich früher gern und regelmäßig in der Gemeinde engagiert haben, bekommen damit immer größere Probleme. Durch Umorganisation und neue Aufgaben werden die Tage im Betrieb immer länger. Zuletzt ist man froh, wenn man sich am Sonntag überhaupt noch zum Gottesdienst schleppt. Der restliche Sonntag wird benötigt, um für die kommende Arbeitswoche halbwegs fit zu werden.

Plötzlich wird einem bewusst: Der alte Spruch »Zeit ist Geld« stimmt überhaupt nicht. Geld ist vermehrbar und kann, wenn es verloren wird, wieder ersetzt werden. Zeit hat einen ganz anderen Wert. Zeit, die verloren ist, ist unwiederbringlich dahin.

Wenn Sie also stöhnen: »Ich brauche mehr Zeit« – und wer kennt diesen Stoßzeufzer nicht? –,

dann möchte ich Ihnen sagen: Effizientes Zeitmanagement ist eine Kunst, die man lernen kann. Zehn Tipps sollen Ihnen dabei helfen. Am Ende des Artikels möchte ich Ihnen dann einige geistliche Fragen stellen.

Die folgenden zehn Tipps sind einfach zu handhaben und schnell in die Praxis umgesetzt. Investieren Sie deshalb die nächste Viertelstunde in das Lesen dieser Tipps – und Sie werden schnell merken, dass Sie anders mit Ihrer Zeit umgehen können!

1. Ideen schriftlich festhalten

Wussten Sie, dass 90 Prozent aller Ideen nie verwirklicht werden, weil derjenige, der die Idee hatte, sie nicht aufgeschrieben hat? Da wir nicht alles im Kopf behalten können, müssen wir viele Informationen außerhalb speichern; üblicherweise werden dann Notizen auf Aktendeckel, Zettel, Kalender und Notizblöcke gekritzelt. Das beruhigt.
Was bleibt, ist die Unsicherheit, ob man diese Notiz später überhaupt wieder findet, wenn man sie braucht. Allein diese unbewusste Unruhe lässt Stress entstehen, der oft in Hektik bei der Suche ausartet. Jeder Mann braucht Hilfen, um mit sich, seiner Zeit und seinen Ideen sinnvoll umzugehen. Eines der einfachsten Mittel, die anfallenden Aufgaben möglichst effektiv und vollständig zu bewältigen, ist deshalb ein Zeitplanbuch und darin eine »To-do-Liste«. Halten Sie Ihre Gedanken, Notizen, Vorhaben und Ideen schnell in einer solchen Liste fest, dann muss das Ihr Kopf nicht tun und ist frei für anderes.

2. Ziele festlegen

Wachsen Ihnen die Probleme über den Kopf? Haben Sie den Eindruck, viel zu tun und doch nicht vorwärts zu kommen, geschweige denn Herr Ihrer Zeit zu sein? Vielleicht liegt es daran, dass Sie sich über Ihr eigentliches Ziel – und damit ist nicht nur ein Umsatz- oder Verkaufsziel gemeint – nicht im Klaren sind. Anstatt mit großen Schritten auf ein Ziel zuzugehen, drehen wir uns leider oft im Kreis. Machen Sie sich deshalb Ihre Ziele klar, Ihre ganz persönlichen Ziele in Ihrem Leben. Stellen Sie sich zum Beispiel folgende Fragen:

– Was sind meine beruflichen Ziele?
– Welches sind meine ideellen Ziele (welche Bücher möchte ich lesen, welche Freundschaften knüpfen ...)?
– Welches sind meine geistigen Ziele (was will ich für meine Seele tun)?
– Was sind meine finanziellen Ziele?

Achten Sie darauf, dass Ihre Ziele realistisch und messbar sind. »In Zukunft will ich mir mehr Zeit für die Familie nehmen!«, ist beispielsweise kein Ziel, höchstens eine gute Absicht. Nehmen Sie sich stattdessen Folgendes vor: »Bis zum Ende des Jahres will ich die Zeit, die ich mit meiner Familie verbringe, um zehn Prozent steigern.« Überlegen Sie dann präzise, was dies in Stunden bedeutet – und wie Sie dieses Ziel umsetzen können.

Vielleicht haben Sie den Eindruck: Meine Ziele werden eher von anderen Menschen festgelegt – vom Chef, der mir im Beruf sagt, wo's langgeht; von der Ehefrau, die ihre Ansprüche geltend macht, von der Arbeit in Gemeinde, Verein oder Garten. Doch geben Sie gerade in solchen Situationen das Anvisieren von Zielen nicht auf; denn Ziele helfen Ihnen, vielfältigen Anforderungen gerecht zu werden und auch unter zeitlichem Druck zielgerecht zu leben und zu arbeiten.

3. Den Weg zum Ziel festlegen

Wenn Sie ein Ziel formuliert haben, geht es darum, den Weg dorthin festzulegen. Planen Sie schriftlich. Was nur im Kopf geplant wird, kann leicht durch neue Gedanken wieder umgeworfen werden. Lassen Sie sich nicht irritieren, wenn Ihr Zeitplan durchkreuzt wird. Das ist eher die Regel als die Ausnahme. Mit anderen Worten: Wird der Plan nicht exakt verwirklicht, ist dies nicht tragisch. Sie wissen dann wenigstens, wie groß die Abweichung war und können korrigierend eingreifen.

4. Prioritäten setzen

Versuchen Sie immer, mit der wichtigsten Aufgabe des Tages zu beginnen. Wenn Sie damit am Ende eines Tages nicht fertig geworden sind, machen Sie am nächsten Tag weiter. Aber machen Sie vorher nichts anderes. Dieser Tipp kann Ihr Leben verändern, weil wir alle die Neigung haben, zuerst die Nebensächlichkeiten anzugehen. Auch wenn Sie noch nicht alle Informationen für eine Entscheidung beisammen haben oder Sie heute nicht so in Stimmung sind: konzentrieren Sie sich auf die entscheidenden Aufgaben. Um Ihr Geschäftsleben zu bewältigen und Probleme zu lösen, müssen Sie nicht alle Details kennen. Filtern Sie die wichtigste Sache heraus und packen Sie dann den Stier bei den Hörnern. Denn wer hat sich noch nie am Ende eines Tages gefragt, was man heute eigentlich getan hat? Untätig waren Sie wahrscheinlich nicht. Ihre langfristigen Aufgaben, das eigentlich Wichtige, sind jedoch liegen geblieben. Manchmal ist es nicht einfach zu entscheiden, was jetzt wirklich wichtig oder was nur dringend ist. Dringend kann etwas völlig Zweitrangiges sein, das aber lang liegen blieb und jetzt eben dringend gemacht werden muss (in der Skizze mit »C« bezeichnet). Die Unzufriedenheit wächst, je mehr Dringliches getan werden und je mehr Wichtiges (»A« oder »B«) dabei liegen bleiben muss.

Für ein effektives Zeitmanagement ist es entscheidend, zwischen wichtigen und dringenden Aufgaben zu unterscheiden.

A-Aufgaben: Aufgaben, die dringend und wichtig sind. Sie sollten sofort erledigt werden.	hoch	A-Aufgaben sofort tun (selbst)
B-Aufgaben: Aufgaben, die wichtig, aber nicht dringend sind. Die Erledigung dieser Aufgaben sollte terminlich geplant werden. Eventuell können sie sogar delegiert werden.	Wichtigkeit/ Dringlichkeit	B-Aufgaben planen (mit Termin)
C-Aufgaben: Aufgaben, die dringend, aber nicht wichtig sind. Das sind die wahren Zeitfresser! Sie sollten diese Aufgaben möglichst reduzieren und an Mitarbeiter delegieren. Aufgaben, die weder dringend noch wichtig sind, sollten sofort in den Papierkorb.	niedrig	C-Aufgaben delegieren/ reduzieren

Machen Sie den heutigen Tag zu einem »A-Tag«!

5. Gewohnheiten entwickeln

Gewohnheiten bringen immer eine gewisse Routine mit sich, die Zeit sparen hilft. Auf der anderen Seite gilt es, schlechte Gewohnheiten abzuschütteln. Wer gute Gewohnheiten bewusst einübt, kann diese Stärke Gewinn bringend einsetzen. Leider ist dies ein langer Weg, denn es ist leichter, Neues zu lernen als Bekanntes zu verlernen. Beginnen Sie damit, sich neue Gewohnheiten so intensiv wie möglich anzutrainieren. Ergreifen Sie die erstmögliche Chance, Ihren Vorsatz durchzuführen. Der Energieaufwand, mit einer bestimmten Tätigkeit anzufangen, ist zwar immens, aber schon nach kurzer Zeit werden Sie feststellen, es läuft besser und besser. Allerdings: Nach etwa eineinhalb Stunden sollte man das Aufgabengebiet dann wieder wechseln, da das Interesse nachlässt und der Energieaufwand größer wird.

6. Lernen Sie, »nein« zu sagen

Menschen, die viel Zeit haben, haben oft die Angewohnheit, diese Zeit mit Leuten verbringen zu wollen, die wenig Zeit haben. Hüten Sie sich deshalb vor Kollegen oder Mitarbeitern, die Ihnen nur die Zeit stehlen wollen. Natürlich sollten Sie Zeit haben, wenn jemand etwas von Ihnen möchte. Aber es gibt Leute, die wollen nur den neuesten Büroklatsch austauschen. Natürlich gehört das auch zu einem funktionierenden Team; die Frage ist nur, wie häufig Sie »ja« und wie häufig Sie »nein« sagen. Wenn Sie nur noch »ja« sagen, werden Sie keine Zeit mehr finden, um Ihre eigentlichen Ziele zu verwirklichen. Also, seien Sie mutig, sagen Sie bewusst »nein«. Aber üben Sie es vorher, damit Sie den anderen nicht damit verletzen.

7. Setzen Sie Zeitlimits

Eine bekannte Regel besagt: »Alle Arbeiten sind unendlich dehnbar.« Üben Sie sich deshalb in der Selbstbefehlungstechnik. Setzen Sie sich für jede Arbeit einen bestimmten Endzeitpunkt.

Schauen Sie vor Beginn der Arbeit auf die Uhr und sagen Sie: Jetzt ist es X Uhr. In zehn Minuten habe ich diese Aufgabe erledigt.
Der Ehrlichkeit halber muss erwähnt werden, dass die meisten Arbeiten etwa eineinhalbmal so lange dauern, wie sie ursprünglich geplant waren. Für ein Telefongespräch plane ich beispielsweise 15 Minuten ein. Bis die Unterlagen hergerichtet sind, die Notiz gemacht und der Vorgang wieder abgelegt ist, kommt das leicht zusammen.
Also: Setzen Sie sich unter Druck, machen Sie Arbeit zum Sport.

8. Arbeitsplatz ordnen

Auf den meisten Schreibtischen befinden sich so genannte »Wanderdünen«. Das sind Stapel Papier, die wir nacheinander in die Hand nehmen und dann an einer anderen Stelle wieder ablegen, ohne dass eine Entscheidung getroffen wurde. Ziel muss es jedoch sein, jedes Blatt Papier nur einmal in die Hand zu nehmen. Das heißt, das erste Lesen muss bereits ein Ausleseprozess sein. Das meiste gehört in den Papierkorb. Stellen Sie sich immer wieder die Frage: Passiert etwas Furchtbares, wenn ich diesen Brief nicht aufbewahre? Jedes Blatt Papier nur einmal in die Hand zu nehmen heißt, sich zwingen, Entscheidungen zu treffen.
Mit den folgenden Grundsätzen schaffen Sie weiterhin Ordnung:

– Alle Projekte haben einen Platz in einer Akte oder in einer Schublade. Ein stets aufgeräumt wirkender Schreibtisch fördert die Konzentration.
– Auf die Arbeitsfläche gehört immer nur ein Vorgang.
– Schließen Sie das Projekt ab und fangen Sie mit dem nächstwichtigen Projekt an. Anstehende Projekte sollten Sie nicht herumliegen lassen, damit sie Ihnen bewusst bleiben. Viel besser: Merken Sie sich das nächste Projekt in Ihrem Zeitplanbuch vor.

9. Arbeit geschickt verteilen

Jeder Mensch hat eine Leistungskurve. Zwischen neun und elf Uhr morgens haben die meisten Menschen ein absolutes Hoch. In dieser Zeit sollten Sie sich Ihren wichtigsten Aufgaben widmen. Nach dem Mittagessen folgt dagegen ein Tiefpunkt, erst nach 16 Uhr geht es dann wieder aufwärts mit der Leistungskurve. Diese Zeiten sind allerdings individuell verschieden. Finden Sie also heraus, wann Ihre produktivsten Zeiten sind, und planen Sie Ihre Aufgaben entsprechend.
Der Tagesablauf vieler Männer ist außerdem voller Leerzeiten – vor und nach Besprechungsterminen oder im Auto. Diese Leerzeiten können effektiv genutzt werden, beispielsweise mit dem Lesen von Berichten oder mit dem Hören von Tonbandkassetten. Menschen, die viel mit dem Auto unterwegs sind, können ihr Auto sogar zur »rollenden Universität«, ausbauen.

10. Bewusst entspannen

Stress, egal wie groß er ist, ist an sich nicht schädlich. Er baut allerdings im Körper Adrenalin auf, das nur durch Bewegung wieder abgebaut werden kann. Ausdauersportarten wie Joggen, Radfahren oder Schwimmen sind dafür ideal. Und: Regelmäßiges Trimmen steigert die Leistungsfähigkeit und macht Sie belastbarer. Wenn Sie so richtig abgespannt sind und die Gefahr besteht, sich vor den Fernseher zu setzen, denken Sie daran: Fernsehen ist geistige Arbeit und entspannt auf keinen Fall. Erstaunlicherweise ist Trimmen in einer solchen Situation eine bessere Entspannung als Schlafen.
Überhaupt brauchen wir Menschen in der Regel weniger Schlaf, als wir uns genehmigen. Es gibt Menschen, die brauchen

neun Stunden, aber es gibt auch andere, die kommen mit sechs oder gar nur mit fünf Stunden aus. Wenn Sie bisher acht Stunden geschlafen haben, sollten Sie die Nacht einmal um eine halbe Stunde verkürzen. Halten Sie stattdessen nach dem Mittagessen ein kurzes Schläfchen. Das erholt und entspannt wesentlich mehr. Für ein Nickerchen zwischendurch empfiehlt sich der Schlüsseltrick: Nehmen Sie einen Schlüsselbund so in die Hand, dass er, wenn Sie eingeschlafen sind und die Hand sich öffnet, auf den Boden fällt und Sie wieder weckt.

Einige wichtige Gedanken zum Schluss

Die große ungelöste Frage bei all diesen Tipps ist: Woher nehme ich die Kraft, um die Zeit richtig zu nutzen? Hier haben Christen ohne Zweifel einen Vorteil. Innehalten und zur Stille kommen ist für sie etwas Selbstverständliches.

Der Prediger Salomo erinnert uns: »Ein jegliches hat seine Zeit, und alles Vorhaben unter dem Himmel hat seine Stunde.« Jesus Christus bietet uns an: »Kommt her zu mir, alle, die ihr mühselig und beladen seid; ich will euch erquicken.«

In der Stille merken wir plötzlich: Nicht die Zeit ist das eigentliche Problem. Wir selbst sind es. Bei allen Fragen bezüglich des Umgangs mit ihr werden wir letztlich stets auf uns selbst zurückverwiesen. Das heißt: Es gilt, die Fragen zu beantworten, was wir mit uns selbst anfangen, wie weit wir uns selbst im Griff haben. Das ganze Rennen und Hasten, also in der uns zur Verfügung stehenden Zeit möglichst viel zu machen, ist nur vordergründig. Wir sollten nie vergessen: Von der uns zugemessenen Zeit wird uns nichts genommen.

Die erste Hürde, die es da zu nehmen gilt, ist der Wille Gottes. Bereits Albert Einstein sagte: »Wir leben in einer Zeit mit immer perfekteren Methoden, aber immer verworreneren Zielen.« Mit anderen Worten: Wir haben immer perfektere Instrumente und Mittel, entscheidend jedoch ist die Mitte. Wer Gott aus der Mitte seines Lebens verbannt, braucht sich über hektisches Treiben und Überarbeitung nicht zu wundern. Wer dem Umgang mit der Bibel und Jesus Christus einen festen Platz einräumt, wird auch die Zeit auf sicherem Fundament auskosten.

Wenn wir an Christus als der Mitte unseres Lebens festhalten, scheint genügend Zeit für alles vorhanden zu sein. Schließlich können wir beanspruchen, was Jesus versprochen hat: »Das sage ich euch, damit meine Freude in euch bleibe und eure Freude vollkommen werde.« (Joh 15,8)

Dr. Jörg Knoblauch (49) ist geschäftsführender Gesellschafter der Firma tempus-Zeitplansysteme in Giengen (bei Ulm). Außerdem ist er verantwortlich für in- und ausländische Firmen und DISG-Training. Ebenso ist er Managementtrainer und Autor vieler Bücher.

Gert von Kunhardt

Der Mann und sein Körper

Beim Rasieren im Badezimmer fiel mir mein Leberfleck auf der Schulter zufällig ins Auge. Ist er größer geworden? Hat er sich vielleicht krankhaft verändert? Der Respekt vor Krebs sitzt tief. Aber dann habe ich im Spiegel meinen Oberkörper betrachtet. Aha, die Haut ist schlaffer geworden. Es haben sich auch schon einige Falten gebildet. Die Muskeln sind nicht mehr so prall wie früher. Unwillkürlich hebe ich meine Arme und spanne die Muskeln im Stile eines Bodybuilders. Na ja, es könnte besser sein. Aber noch kann ich mich in der Badehose sehen lassen!
Der Gedanke geht mir nach: Mein Körper verändert sich. Ich bin inzwischen 59 Jahre alt. Bis jetzt hatte ich kein Problem mit ihm. Keine nennenswerten Krankheiten, bis heute keine besonderen Einschränkungen – von altersbedingten Leistungseinbußen mal abgesehen.
Aber – wie wird es weitergehen? Was bleibt von meiner Elastizität, meiner Kraft, meiner Ausdauer und meiner Koordinationsfähigkeit? Wie lange werde ich noch Waldlaufen oder Tennis spielen können? Werde ich je einen Krückstock brauchen? Die Vorstellung von einem Gehwagen, den alte Menschen vor sich herschieben, lässt mich frösteln. Aber – das ist ja noch weit weg. Oder vielleicht doch nicht?

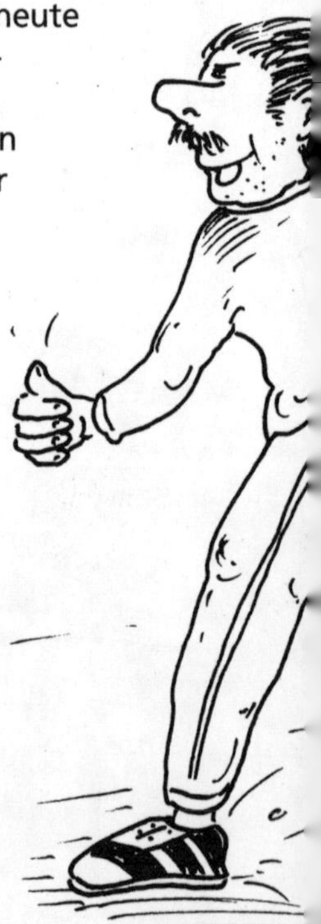

Zwei meiner Freunde, die mit mir früher als Spitzensportler in der Nationalmannschaft waren, haben sich kürzlich künstliche Hüftgelenke (der eine) und Kniegelenke (der andere) operativ einsetzen lassen. Und die sind jünger als ich! Was ist mit den anderen? Ob ich mich wohl immer noch mit ihnen messen könnte?

Männliche Gedankenspiele?

Solche Gedanken kommen meiner Frau nie. Die körperliche Leistungsfähigkeit bewegt sie nicht so. Bei ihr überwiegen Fragen des Körpergefühls und der Gesamterscheinung. Mehr im Sinne der Ästhetik, des Eindrucks, der Wirkung. Ihre Leistungsfähigkeit misst sie rückwärts, ausgehend vom Grad ihrer Erschöpfung, mit dem Ergebnis, eigentlich mehr Ruhe und Regeneration nötig zu haben, nicht aber, sich im Kampf zu messen. Das ist eher typisch Mann. Er nimmt seinen Körper anders wahr und benutzt ihn ohne Rücksicht auf die Folgen als Mittel der Durchsetzung seiner Ziele. Gertrud Höhler hat dafür eine grundsätzlich einleuchtende Erklärung: »Die Leistungsethik prägte den belastbaren Typus. Er gibt nicht auf; er diszipliniert sich gnadenlos, überhört die Erschöpfungssignale und missachtet seine physischen wie psychischen Grenzen. Der Geist beherrscht den Körper. Immer noch steht diese Form der Selbstverleugnung hoch im Kurs.«[1]

Xenophon überliefert dazu eine frühe Erkenntnis: »Sei versichert«, sagt Sokrates dem Epigenes, einem Jüngling, dessen schlechte Haltung verriet, dass er Leibesübungen vernachlässigte, »dass bei allem,

[1] Gertrud Höhler, Spielregeln für Sieger, S. 69

was Menschen vornehmen, der Körper seine Dienste leistet. Und, soll er sie gehörig leisten, muss er tüchtig geübt sein. Selbst da, wo du seiner am wenigsten zu bedürfen glaubst, beim Denken. Ist es denn nicht bekannt, dass viele wegen übler Beschaffenheit des Körpers straucheln? Gedächtnisschwäche, Mutlosigkeit, üble Launen, Schwermut – bis hin zum völligen Irrwahn – bemächtigen sich ihrer, und all ihr Wissen hilft ihnen nichts.«

Die Erkenntnis, seinen Körper durch Training leistungsfähig zu halten, ist also nicht neu. Und wenn man in den Gazetten immer häufiger den Nachruf liest: »Sein Leben war nichts als Arbeit«, dann wird die Frage nach der Verantwortung unüberhörbar. Ein Wortspiel versucht das deutlich zu machen: Ist die Arbeit Lebensmittel oder Lebensmitte?

Zurück zum Ursprung

Gehen wir an den Ursprung zurück: »Gott schuf den Menschen zu seinem Bilde, zum Bilde Gottes schuf er ihn; und schuf sie als Mann und Weib.«[2] Als Gegenüber, in einem gewollten Spannungsverhältnis und unterschiedlich. Jede Körperzelle enthält in ihrer genetischen Substanz jene unverwechselbaren Erbinformationen, die das Geschlecht bestimmen. Das heißt, dass der Mann von der Fußspitze bis in die Haarwurzeln ganz Mann, die Frau entsprechend ganz Frau ist.

Und als Gott dieses Schöpfungswerk ansah, befand er: »Und siehe, es war sehr gut.«[3] Die Freude über sein Schöpfungswerk finden wir an vielen Stellen der Bibel und sie bekommt meiner Meinung nach in Psalm 18, Vers 20 ihre schönste Ausdrucksform, wo es heißt: »… denn er hatte Lust zu mir.«[4] Die darin ausgedrückte körperliche und sinnliche Zuwendung Gottes ist mit Verantwortung verbunden, obwohl er uns zur Freiheit berufen hat. Wir können tun und lassen, was wir wollen. Allerdings zieht er uns für unser Handeln zur Verantwortung. Dies

---

[2] 1. Mose 1,27 ff

[3] 1. Mose 1,31

[4] Revidierte Lutherbibel, 1984

ist Gott so wichtig, dass er unsere Körperlichkeit als Beispiel für sich selbst, als sein »Ebenbild« bezeichnet. Das wird verstärkend zweimal im gleichen Satz betont! Wenn wir also von der Verantwortung für unseren Körper reden, dann im Bewusstsein, dass es im Grunde um den Schöpfer selbst geht. Das heißt, wer sich mit dem Körper des Menschen beschäftigt, hat es mit Gott persönlich zu tun!

... wie dich selbst

Die besondere Betonung der Körperlichkeit drückt sich auch im zentralen Auftrag Gottes für den Menschen aus: »Liebe deinen Nächsten wie dich selbst.« Hier wird ganz deutlich, was Gott von uns über den Umgang mit unserem Körper erwartet. Uns allen ist die riesige Dimension der Liebe Gottes zu uns Menschen aus eigener Erfahrung bekannt. Die Bibel ist von zahllosen Beispielen dieser ungewöhnlichen Liebe durchzogen. Damit haben wir eine sehr gute Vorstellung von dem, was Gott meint, wie wir uns eigentlich selbst lieben sollen. Paradoxerweise beachten wir das kaum, obwohl es doch um uns selbst geht.

Wir denken wenig oder gar nicht daran, dass die Nächstenliebe ganz eindeutig an die Bedingung geknüpft ist, den anderen »wie dich selbst« zu lieben. Wenn sich diese Selbstliebe nur auf die Befriedigung der natürlichen Bedürfnisse beschränkt, dann ist die Nächstenliebe eine leere Hülse, die in der Geschichte lediglich noch als »Hilfe für Notleidende« einen Platz hätte. Aber das ist es ja gerade nicht. Gott will unser aller Heil. Das ist von weit höherem Wert, als nur einfach zu existieren. Er will, dass wir leben. Und das ist viel mehr als Essen und Trinken, Schlafen und Arbeiten.

Gott hat dem Menschen zwar Grenzen gesetzt. Aber das heißt nicht, dass wir damit unsere Hände in den Schoß legen sollen, »weil wir ja sowieso nichts ändern können«. Im Gegenteil sind wir herausgefordert, uns in diesen Grenzen zu unserem Heil zu entfalten und zu vervollkommnen.

Konsequenzen

Das verlangt Konsequenzen: Was ist es mir also wert, einen gesunden und leistungsfähigen Körper zu haben? Interessant ist, dass die Gesundheit auf der Wunschliste der Bundesbürger einsam an der Spitze rangiert. Völlig unverständlich bleibt, weshalb dafür so wenig aktiv getan wird. Nur ca. 20 bis 25 Prozent der Bundesbürger leben gesundheitsbewusst und bewegungsaktiv.

Dabei ist der Mensch das einzige Wesen auf Gottes Erdboden, das eine Vorstellung von seiner Zukunft hat. Er ist damit in der Lage, Entwicklungen zu bewerten, zu beurteilen und daraufhin Entscheidungen zu treffen, die sein Leben planbar und vorhersehbar machen. Aber genau dieses hohe Maß an Intelligenz lassen wir in der Problematik der Körperlichkeit viel zu selten zum Zuge kommen. Da handeln wir meistens erst dann, wenn es eigentlich zu spät und wenn bereits ein Schaden entstanden ist. Manche Menschen beginnen erst dann innezuhalten, wenn der erste Herzinfarkt eingetreten ist … Möglicherweise ist es eine der größten Sünden unserer Zeit, sich ständig zu überarbeiten.

In unserem Fall ist es tatsächlich so, dass wir im Handlungszwang sind. Durch den Einsatz der Technik sind Körperkraft, Ausdauer, Geschicklichkeit und Koordinationsvermögen mehr und mehr in den Hintergrund getreten. Der Bequemlichkeit wird immer umfangreicher Raum gegeben. Man geht nicht mehr – man fährt, man steht nicht mehr – man sitzt, man fegt nicht mehr – man lässt saugen usw. Auf der Messe »Gesund und aktiv leben« werden mehrheitlich »Inaktivitätsangebote« gemacht: automatisch arbeitende Massageliegen, elektrisch gesteuerte Fernsehsessel, Gesundheitsschuhe, Computerspiele, Wanderstöcke, Sprudelbäder usw.

80 Prozent aller Erkrankungen der westlichen Industrienationen sind mittelbare oder unmittelbare Folgen von Bewegungsmangel und Fehlernährung.[5] Richard Rost bringt es auf den

---

[5] Dr. med. Rudolf Ziegler, in »Das 1 x 1 des Ausdauersportes« Folge 2, S. 2, Broschüre der MEDICE GmbH

Punkt: »Wer sich heute nicht mehr bewegt, ist schon gewissermaßen ein bisschen tot.«[6]

Im Grunde ist die Bewegungsnotwendigkeit eine leicht zu erfüllende Forderung, wenn es nicht – beim Mann – das sogenannte »Stier- und Brunftgehabe« gäbe. Wenn sich ein Mann mit dem guten Vorsatz: »Ja, ich werde mich mehr bewegen«, heute in ein Fitness-Studio oder auf den Trimmpfad begibt, wird er in 95 Prozent aller Fälle unbewusst zu viel tun, sich zu stark belasten. Das kommt deswegen, weil der archaische Trieb, sich körperlich zu messen, immer noch vorhanden ist, aber die Körperkraft in den letzten 25 Jahren erheblich gesunken ist, wir uns aber trotzdem, in Erinnerung an frühere Leistungen heute in ähnlicher Weise belasten wollen.

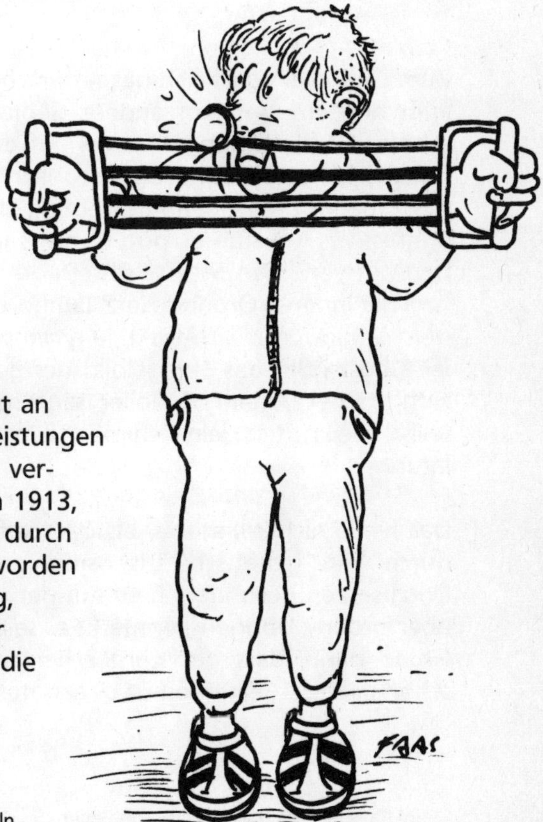

Das kann man ganz gut an der Entwicklung der Leistungen für das Sportabzeichen vergleichen. Während man 1913, als das Sportabzeichen durch Carl Diem eingeführt worden ist, noch davon ausging, dass ca. 60 Prozent der Männer ohne Training die

---

6 Prof. Dr. med. Richard Rost, Leiter des Institutes für Herz-Kreislauf-Forschung« Köln

acht Meter beim Kugelstoßen schaffen müssten, gelingt dies heute nur noch 20 Prozent auf Anhieb. Wir sind mittlerweile – gleiches Lebensalter vorausgesetzt – eindeutig körperlich schwächer als vor 25 Jahren. Das zeigen auch die Einstellungsuntersuchungen der Bundeswehr eindrucksvoll.

Es ist nun mal so, dass wir heute, dank der Technik, nur noch Restarbeiten erledigen und dass sich der muskulär bedingte Kalorienverbrauch inzwischen um rund 500 kcal pro Tag (!) bei den Männern verringert hat. Einen so drastischen Stoffwechselrückgang hat es in der gesamten Menschheitsgeschichte nie zuvor in so kurzer Zeit gegeben. Das kann nicht ohne Folgen bleiben.

Folgen

Zum einen verlagert sich das natürliche Bedürfnis der Männer zum Kräftemessen auf andere Gebiete. Das kann man sehr schön beim Lichthupenkonzert auf der Autobahn im Kampf um die linke Fahrbahnseite beobachten. Da wird der Stress nicht mehr durch eigene Bewegung abgebaut, sondern durch aggressives Autofahren potenziert. Zum anderen fehlen die lebensnotwendigen Stoffwechselreize zum Erhalt und Wachstum der inneren Organe. Herz, Lunge, Leber, Nieren, besonders der Magen- und Darmtrakt, ja grundsätzlich alle Organe, sind leistungsmäßig das Spiegelbild der äußeren Muskulatur. Der Hirnforscher Johannes Holler sagt sogar: »Wenn du wissen willst, wie kraftlos dein Gehirn ist, dann fühle deine Beinmuskulatur.«[7]

Das heißt nichts anderes, als dass sich der Mann unbewusst durch seine genetische Disposition zum Kampf, Messen und Durchsetzen besonders heute in der Gefahr befindet, sich zu überfordern. Übrigens, er merkt es selbst nicht! Das hat seinen Grund darin, dass der Körper bei anstrengenden Übungen schon nach 30 Sekunden so genannte Betaendorphine mit bis

[7] Prof. Dr. Johannes Holler, »Das neue Gehirn«, in »Impulse«, 6/96, S. 186

zu 300 Prozent über dem in muskulärer Ruhe gemessenen Zustand selbst produziert und in den Kreislauf ausschüttet. Diese Substanzen haben einen schmerzsenkenden und zugleich euphorisierenden Effekt. Eine Ärztezeitung erklärt dieses Phänomen: »Es entsteht ein Glücksgefühl am Rande des körperlichen Zusammenbruchs.«[8]

Hinzu kommt, dass bei anstrengendem Sport das Immunsystem einen empfindlichen Dämpfer erhält. Die Immunglobuline fallen zum Teil um dramatische 70 Prozent ab und steigen erst im Verlauf von einer Woche ganz allmählich wieder auf den Normalzustand an. Während dieser Zeit wird der Körper krankheitsanfällig.

Was ist also zu tun?
Zunächst einige *Grundregeln*:

1. Belaste dich so, dass du glaubst, es ist zu wenig *(Prinzip der subjektiven Unterforderung)*. Es geht heute nicht mehr nur um das Herz-Kreislauf-Problem, sondern um den ganzheitlichen Ansatz, der sowohl das Herz-Kreislauf-System, als auch das Immunsystem trainiert. Das geschieht nur, wenn der Körper stressfrei trainiert wird. Überanstrengung dient diesem Ziel nicht.
2. Einfaches kraftloses Durchbewegen von Muskeln und Gliedern *(intermittierend)*, baut Knorpel und Bandscheibe auf, reichert das Blut mit Sauerstoff an und verbessert die Flexibilität und das Koordinationsvermögen.
3. Nicht die Dauer, sondern die Häufigkeit ist entscheidend. Lieber sechsmal zehn Minuten pro Woche, als einmal sechzig Minuten! Eine eigene Untersuchung mit Trampolinspringern ergab, dass diese, nach nur dreiwöchigem Training von je zehn Minuten Dauer am Tag und bei nur 110 Pulsschlägen Belastung pro Minute, eine Konditionssteigerung von 15 Prozent und ein Absinken des Pulsschlages um 14 Schläge bei gleicher Belastung erbrachte.[9] Die Sauerstoffaufnahme

---

[8] Die Neue Ärztliche Nr. 156, 17./18. August 1990

[9] G. v. Kunhardt, Dr. A. Armbrecht, Institut für Bewegungstherapie und Rehabilitation, Eutin, 1995

nach fünf Minuten Training auf dem Trampolin ist genauso hoch wie nach einem 3000-Meter-Waldlauf.[10]

In der Praxis könnte das so aussehen, dass mit folgenden drei Trainingsformen ein Optimum an gesundheitsrelevanten Gewinnen möglich ist:

1. Für das Herz-Kreislauf-System bringt ein drei- bis viermaliges Ausdauertraining (Joggen, Radeln, Schwimmen, Rudern, Tanzen, Trampolinspringen[11] usw.) pro Woche von 15 bis 20 Minuten Dauer am Stück (!) einen sehr großen Schutz gegen einen möglichen Herzinfarkt.
2. Für den Erhalt von Muskelkraft, Flexibilität und Koordination sind hingegen nur jeweils wenige Sekunden erforderlich. Fünfmal fünf Sekunden je Tag *isometrische Anspannungen* (gegen nicht ausweichenden Widerstand) der großen Muskelgruppen verhindern den altersbedingten Muskelschwund. Täglich wiederholte kleine Übungen mit Elastikbändern (Thera, Lifeline, Deuser, Rombus etc.) oder gymnastische Übungen[12], wie Zähneputzen in der leichten Kniebeuge, Wippübungen, das Schuhanziehen auf einem Bein etc., bremsen die Koordinationsverluste nachhaltig. Ich nenne das »*Minutentraining*«.[13]
3. Wenigstens einmal in der Woche sollten Spiele zum Trainingsprogramm des ganzheitlichen Trainings gehören. Das gute alte Federballspiel, das Frisbee-Werfen, Volleyball, moderates Tennisspiel, Golfspielen usw. erhöhen nicht nur die Lebensfreude und stärken unmittelbar Psyche und Immunsystem, sondern fördern auch das Sozialverhalten als eine unabdingbare Voraussetzung für unser Zusammenleben.

---

[10] Dazu sind hochelastische Trampolins günstig. Hersteller: VTM, Frankfurter Str. 243, 51147 Köln

[11] G. v. Kunhardt, »Kleiner Aufwand – große Wirkung«, Vivavital-Verlag, Köln

[12] G. u. M. v. Kunhardt, CD-Rom »Fitness am PC«, Brockhaus-Verlag, Haan

[13] G. u. M. v. Kunhardt, »Das Minutentraining«, Brockhaus Verlag, Haan

4. Wenn man kann, sind Saunagänge oder auch Spaziergänge nicht nur konditionsunterstützend, sondern auch schlicht wohltuend. »Tu deinem Leib etwas Gutes, damit deine Seele Lust hat, darinnen zu wohnen«, forderte schon Mitte des 16. Jahrhunderts Theresa von Avila.
5. Aus dem Tagesstress aussteigen! Jeweils nur für kurze Zeit. Eine Minute Dauer hat bereits entspannende Wirkung, z.B. eine Banane mit Genuss verspeisen, sich einer schönen Musik hingeben, genüsslich duschen usw. Das nenne ich »*Minutenurlaub*«.[14]

[14] G. v. Kunhardt, »Fitness for body and soul«, Brendow-Verlag, Moers

Schließlich noch ein Wort zum Essen. Zunächst die gute Nachricht für die Korpulenten unter uns: Erst ab 50 Prozent Übergewicht entstehen gesundheitlich negative Folgen. Dies ergab jüngst eine Studie der Universität in Düsseldorf.[15] Natürlich hat Übergewicht aber auch Nachteile, z. B. aus ästhetischen Gründen oder was die konkrete Leistungsfähigkeit anbelangt. Ein Mann mit 30 Prozent Übergewicht wird nicht so schnell laufen können wie einer, der das so genannte »Normalgewicht« hat. Vom Grundsatz gilt: Iss, was dir schmeckt – aber in Maßen! Andersherum: Die Kalorienaufnahme muss dem muskulär bedingten Kalorienverbrauch entsprechen. Aber Vorsicht! Die Kalorienzähltabellen stimmen nicht, weil die Individualität dabei nicht berücksichtigt wird.[16]

Außerdem sollten wir uns bewusst machen, dass jeder von uns ein ganz bestimmtes Gewicht genetisch bedingt in die Wiege gelegt bekommen hat. Der Organismus wird deshalb immer versuchen, genau dieses Gewicht zu halten – egal unter welchen Diäten er zu leiden hat. Was dem Körper durch Zwangsmaßnahmen entzogen wird, holt er sich auf andere Weise wieder zurück. Notfalls produziert er die Fette selbst. Das Gleiche trifft übrigens auch auf den Cholesterinspiegel zu.
Gott hat die Menschen nicht alle gleich schlank gewollt, sondern jeden Menschen individuell anders – auch im Gewicht – geschaffen. Im Psalm 139 heißt es überaus zutreffend: »Du hast mich geschaffen – meinen Körper und meine Seele, im Leib meiner Mutter hast du mich gebildet. Herr, ich danke dir dafür, dass du mich so wunderbar und einzigartig gemacht hast! Großartig ist alles, was du geschaffen hast – das erkenne ich! Schon als ich im Verborgenen Gestalt annahm, unsichtbar noch, kunstvoll gebildet im Leib meiner Mutter, da war ich dir dennoch nicht verborgen.«[17]

---

[15] Prof. Dr. Ralf Bender, Universitäts-Klinik Düsseldorf, Ostholsteiner Anzeiger, S. 23, v. 6. 3. 98

[16] Udo Pollmer, »Prost Mahlzeit! Krank durch gesunde Ernährung«, S. 31, Verlag Kiepenheuer & Witsch, Köln

[17] Psalm 139, 13–15 nach der Übersetzung »Hoffnung für alle«

Das ist die Erkenntnis des Weisen und Dankbaren. Ich kann mich dem nur demütig anschließen.

Gert von Kunhardt, Jahrgang 1939, Bewegungstherapeut, Erfolgstrainer, mehrfacher Buchautor, Gründer und bis 1998 Geschäftsführer des »Institutes für Bewegungstherapie und Rehabilitation« in Eutin, danach Gründung und zusammen mit seiner Frau Marlen Leitung der »***See***minare – Bewegung ist Leben« in Bad Malente.

Wie Männerarbeit geschieht

Ulrich Thierhoff u. a.

Männertreff in Renningen

Redaktion: Gerhard Bauer, Eberhard Gläser, Friedrich Kern, Stefan Kopp

Eine Übersicht

Unseren »Männerkreis« gründeten wir im November 1994; bald nannten wir ihn »Männertreff Renningen«. Seither treffen wir uns 14-tägig im evangelischen Gemeindehaus. Die Themenpalette ist nicht begrenzt: Männer – Beruf – Ehe – Kinder – Glaube – Lebenskrisen – Frauen – Alltag – Politik.

Von Dezember 1995 bis Juli 1997 gab es sechsmal »Männerfrühstück« im Gemeindehaus, jeweils samstags – mit Frühstücksbuffet, Referat und Gesprächsrunde.

Seit Oktober 1997 fand dann bisher zweimal ein »Männer-Vesper« statt, jeweils freitags, ebenfalls selbst organisiert mit Buffet (19.00 bis 20.00 Uhr), anschließend Referat und Aussprache. Die bisherigen Themen: »Heirat und Scheidung – heute« (mit Prof. G. Gröner); »Unsere Gesellschaft braucht Väter« (mit R. Rudolph). Die weiteren geplanten Themen: »Auf dem Weg in eine alternde Gesellschaft« (Prof. G. Gröner), »Schwierigkeiten im Umgang mit Vorgesetzten, Kollegen, Mitarbeitern« (R. Geltz).

Unsere Teilnehmerzahlen schwanken:

Gründung durch	5 Männer
Männertreff:	3 bis 12 Männer
Frühstück/Vesper:	12 bis 26 Männer

Die Männer sind zwischen 30 und ca. 70 Jahre alt. Entsprechend dem Wechsel der Teilnehmerzahl und den ganz verschiedenen Teilnehmern »atmet« der Männertreff in der Lebhaftigkeit und der Tiefe des Gesprächs. Ich habe ziemlich lange gebraucht, bis ich das akzeptieren konnte!

Wie es begann
Seit 1990 gab es immer wieder engagierte Meinungsäußerungen zum Thema »Männer als Gemeindeglieder«. Im Frühjahr 1993 schrieb Pfarrer Gläser im Gemeindebrief über drei Gespräche, die er innerhalb von 48 Stunden zum Thema Männer und Kirche hatte: »... ist es tatsächlich schon so weit gekommen, dass, wie ein Mann mir sagte, die Frauen längst die Herrschaft in der Kirche übernommen hätten?!« Nach Schilderung des großen Männermangels in der Gemeinde wagte der Pfarrer die vorwitzige Bemerkung: »Hat er (siehe oben!) nicht Recht?? ... Oder ist Glaube Frauensache?«
Seitdem kam das Wort »Männerkreis« in Umlauf. Im November 1994 trafen wir uns dann zu seiner Gründung. Wir brachten mehr verschwommene als klare Ideen und Gedanken mit, aber Mangel an Themen hatten wir bestimmt nicht.

Wir wollten
– Männern die Gelegenheit geben, über sich selbst zu sprechen;
– nachfragen, warum es Männern so schwer fällt, Freundschaft zu pflegen;
– einen Ort des Vertrauens anbieten;
– den Männern einen Zugang zur Kirche oder der Kirche einen Zugang zu den Männern ermöglichen;
– auch den ganz gewöhnlichen Männern – also nicht nur den Obdachlosen, Arbeitslosen, Schwulen, Süchtigen, Asylsuchenden, Alleinerziehenden, Vorbestraften, Pfarrern oder Sterbenden – unsere Aufmerksamkeit zukommen lassen;
– untersuchen, warum »irgendetwas« fehlt im Dreieck Beruf – Familie – Freizeit;
– keine »Machos« sein, aber auch keine »Softies«, sondern nach positiven Leitbildern Ausschau halten;
– Antworten auf Anfragen und Forderungen der Frauen geben. Von den Frauen lernen, aber nicht die Frauen nachahmen.

Die ersten Männer des Kreises waren ebenso bunt zusammengewürfelt wie die Ideen: Einer mit der klaren Absicht, seine Glaubensüberzeugung einzubringen und mitzuhelfen, einen soliden Gemeindekreis aufzubauen, in dem das Evangelium seinen festen Platz hat. Ein anderer war gerade im Konflikt mit dem typischen Erscheinungsbild der Kirche. Er sah die Chance, eine andere Art des Miteinander zu erproben. Einem schwebte ein Kreis vor, in dem auch meditiert werden sollte. Ein weiterer war überzeugt, dass eine frauenzentrierte Kirche und eine mehr und mehr von feministischen Leitbildern geprägte Gesellschaft dringend ein männliches Pendant brauchten.

Uns war schnell klar, dass wir keine homogene Gruppe sein konnten.
Als Erstes manifestierten wir, dass unser Kreis ein Ort des Vertrauens werden müsse; dass jeder sich darauf verlassen kann, dass persönliche Aussagen nicht nach außen getragen werden. Trotz Schwierigkeiten hat sich diese Maxime erhalten und bewährt.

Der Männertreff

Von Anfang an hatten wir vierzehntägige Treffen, immer montags um 20 Uhr. Und immer haben wir darauf geachtet, den Abend um 22 Uhr zu beenden. Männer haben Berufe, und die Männer im Ruhestand haben auch nicht nur Freizeit.

Wir mussten auch akzeptieren lernen, dass jeder Treff wieder eine Überraschung war: Weniger als drei, die da zusammenkamen, waren es glücklicherweise nie, aber mehr als zehn auch sehr selten.

Der Ablauf der (Themen-)Abende ist weitgehend frei, d. h. von der spontanen Entscheidung der Anwesenden abhängig. In der Regel gibt es das »Blitzlicht« (jeder sagt von sich selbst so viel, wie er gerade möchte) am Anfang und zum Abschluss, dazwischen im Normalfall das themenzentrierte Gespräch.

Die Meinung jedes Anwesenden ist uns wertvoll. Unterschiede dürfen stehen bleiben, aber der persönliche Bezug zum Thema ist gefragt. Nach kurzer Zeit hatten wir schon die Regel, jeweils am Ende eines Treffs das Thema für den nächsten Treff festzulegen und dieses dann mit ein paar erläuternden Sätzen unter »Wochenspiegel der Evangelischen Kirchengemeinde« im Renninger Mitteilungsblatt bekannt zu geben und kurz vorzustellen.

Ein paar Mal kam der Wunsch auf, etwas geselliger miteinander umzugehen.

Darum besuchten wir bisher dreimal zusammen eine Gaststätte und veranstalteten einmal einen Spielabend. Wir gönnten uns auch Diavorträge (über »Philippinen« und »Renningen«) und zwei Wanderungen.

Doch der Kreis blieb in der Regel an Themen orientiert. Bisher hatten wir z. B. folgende Themen:

- Mein Vater und ich
- Meine Mutter und ich
- Gute Vorsätze im neuen Jahr
- Mein Glaube – können Gläubige und Skeptiker miteinander umgehen?
- Friedensgebet – wollen wir teilnehmen?

- Leidenschaft, die Leiden schafft
- Die Angst vor der Arbeitslosigkeit
- Umgang mit starken Frauen
- Umgang mit schwachen Frauen
- Was gibt mir Kraft?
- Der Mensch – nur ein Kostenfaktor?
- Von Gottes Gnade bin ich, was ich bin (1. Kor 15,10)
- »No risk, no fun!«
- Männer, das schwache Geschlecht
- Vorstellung der Bruderschaft vom Gemeinsamen Leben
- Ökumene
- Weniger Hochzeiten, mehr Scheidungen
- Unsere Wünsche zur Gestaltung der Adventszeit
- Jahresende
- Zeitenwende

Themen wie Ehe, familiäre Auseinandersetzungen, Glaube, Ehrlichkeit waren bei uns Reizthemen, die persönliche Betroffenheit spürbar werden ließen und auch zu kontroversen Auffassungen führten. Wir bemühen uns bei all den Themen, kein Diskutierzirkel zu sein, sondern persönlich und verbindlich miteinander zu reden.
Auffallend ist, dass wir fast alle Familienväter sind. Das war nicht beabsichtigt. Wir wollten auch stets offen bleiben für andere Männer.

Wir versuchten auch, gemeinsam die Bibel zu lesen und eine biblische Männergestalt (David) zu betrachten, stießen dabei jedoch auf Schwierigkeiten. Unsere Standpunkte, wie mit biblischen Texten umzugehen ist, sind zu verschieden, so dass eine unbefangene Aussprache nur schwer möglich ist.

Männerfrühstück und -Vesper
Ein Jahr nach der Gründung kam die Idee, ein Männerfrühstück zu veranstalten. Ziel war es, über den Kreis hinaus Männer anzusprechen und vielleicht auch für den Männertreff zu gewinnen.
Ende November 1995 kamen wir dann mit dem Thema »Weihnachten – Männersache?!« heraus. Dazu bereiteten wir ein Früh-

stücksbuffet vor, das von 9.00 bis 10.00 Uhr dauerte; anschließend luden wir zur Gesprächsrunde ein (10.00 bis 11.00 Uhr). Das gemeinsame Vorbereiten geschah (fast) ohne Hilfe von Frauen; die Diskussion darüber, was man zum Frühstück braucht, und ein wirklich exzellentes Buffet waren für sich schon ein schönes Erlebnis. Die Besucherzahl (14) war dann sehr enttäuschend. Aber wir haben das Frühstück genossen und Freude an unserem – durchaus kontrovers geführten – Gespräch gehabt.
In Vierteljahresabstand folgten weitere Männerfrühstücke, bei allen gemeinsame Vorbereitung und gemeinsames Aufräumen, jedes Mal zu wenig Besucher und trotzdem (oder gerade deshalb) gelungene Gesprächskreise.

Beim bisher letzten Männerfrühstück im Frühjahr 1997 referierte Prof. Gröner vom Statistischen Landesamt über »Männer – das schwache Geschlecht« (die gesundheitliche Situation der Männer: größere Säuglingssterblichkeit bei Knaben – mehr männliche Selbstmörder – mehr männliche Verkehrstote – weniger Rücksichtnahme auf die eigene Gesundheit – Herzinfarkt – in allen Lebensaltern erhöhte Sterblichkeit).

Obwohl die Besucherzahl immer noch nicht deutlich gewachsen war, wollten wir diese Art von Gesprächsrunde weiter pflegen. Hinweise, dass der Samstagvormittag nicht der günstigste Termin sei, bewogen uns dazu, die Männerfrühstückstradition abzubrechen. Im Oktober 1997 luden wir zum »Ersten Renninger Männer-Vesper« ein.
Da wir gerade einen Küchenchef für unseren Männertreff gewinnen konnten, beschlossen wir, auch dafür auf eine Gaststätte zu verzichten und ins Gemeindehaus einzuladen. Wir wussten freilich, dass mancher Mann zu schlechte Erfahrungen mit »Kirche« gemacht hat und vielleicht zu einer Veranstaltung auf neutralem Boden eher kommt; doch wir waren der Meinung, dass nur eine von uns selbst organisierte Veranstaltung die von uns gewünschte Atmosphäre bringen kann. Das gemeinsame Vorbereiten und Aufräumen empfanden wir bisher auch keineswegs als Belastung, sondern als Gewinn.
Beim Vesper im Oktober 1997 hatten wir wieder Prof. Gröner als Referenten über »Heirat und Scheidung – heute«. Im März

1998 referierte Rainer Rudolph vom Evangelischen Jugendwerk über: »Unsere Gesellschaft braucht Väter!«.

Trotz einzelner Gegenstimmen: Die Besucherzahlen zeigen uns, dass ein Vesper am Freitagabend mehr angenommen wird als ein Frühstück am Samstagmorgen. Auch die eine Stunde mehr (19.00 bis 22.00 Uhr statt vorher 9.00 bis 11.00 Uhr) ist wertvoll für unsere Gesprächsrunde.

Warum Männertreff?
Die nachfolgenden Aussagen stammen von verschiedenen Mit-Männern:

- »Männer haben Themen, die sich nicht so einfach unter einen Bibeltext subsumieren lassen; der Männertreff hilft mir, einen christlichen Weg durchs Leben zu finden.«
- »Ich gehe oft nach Hause mit dem Gefühl, dass ich gegeben habe und dass ich bekommen habe – das ist Glück.«
- »Ich kann hier woanders sein und schöpfen. Das führt mich näher zu meiner Frau. Meine Frau erlebt das ähnlich, wenn sie in einer Frauenrunde war.«
- »Die Runde gibt mir viel. Aber mir ist auch die Außenwirkung wichtig. Ich weiß, dass unsere Ankündigungen von vielen Männern und noch mehr Frauen gelesen werden.«
- »Ich bin neugierig auf die Themen, ich mache neue Erfahrungen, ich bekomme Feedback auf meine Äußerungen.«
- »Hier ist ein Kreis, in dem ich nicht in erster Linie als Pfarrer angefragt bin, sondern als Mann unter Männern sein kann.«
- »Wichtig ist, dass ich nicht kommen muss, keinen Beitrag leisten muss, das ermöglicht mir, richtig dabei zu sein.«
- »Ich brauche den anderen, auch vom Alltagsfrust mal mehr mal weniger betroffenen Mit-Mann, dem ich sagen kann: Du bist ganz anders, erziehst deine Kinder anders, hast andere Erfahrungen, andere Ziele, aber du bist nicht allein wie Hermann Hesses Steppenwolf! Ich versuche dich richtig zu verstehen.«
- »Es sind keine Frauen in der Runde, ich muss nicht dauernd aufpassen, was ich sagen darf.«
- »Ich bin Vorruheständler, habe zu Hause drei ›Frauen‹, hier finde ich Themen, zu denen ich zu Hause gar nicht komme.«

- »Bei einigen Themen kennen mich und verstehen mich die Mit-Männer besser, als mich meine Frau kennt und versteht, obwohl (oder vielleicht weil?) ich mit meiner Frau eine gute Ehe führe.«
- »Ich habe so viel Lebenserfahrung. Ich will mich nicht vereinnahmen lassen. Im Männertreff kann ich ich bleiben.«
- »Hier kann ich frei über meine Probleme mit den Kindern sprechen. Ich komme zu Wort, kann mich einbringen.«
- »Früher habe ich mich nach Auseinandersetzungen mit meiner Frau oft gefragt, ob ich komisch bin. Hier habe ich erfahren, dass andere auch Probleme haben. Ich bin bestärkt worden.«
- »Eine für mich immer wieder spannende Frage ist die nach der Solidarität unter Männern. Wie weit kann ich meinen Mit-Mann als meinen Nächsten annehmen, dessen Wunden ich pflegen helfe? Kaum erzählt jemand von seinen Auseinandersetzungen im Beruf, schon kann ich ihm, aus meiner vermeintlich neutralen Position, Ratschläge erteilen. Ratschläge sind ja bekanntlich auch Schläge!«

Bei aller Verschiedenheit der Antworten wird deutlich, dass die Frage des Miteinander-Umgehens offenbar die wichtigste ist. Männer finden im Männertreff ein Feld, auf dem sie sich ungezwungener, vielseitiger, kreativer (und auch ungeschützter) bewegen können als in ihrem sonstigen Kontext.

Die Männer des Redaktionsteams (einschließlich des Autors) sind alle verheiratet, zwischen 32 und 60 Jahren alt, haben zusammen 15 Kinder und sind Küchenchef, Elektroingenieur, Vorruheständler, Pfarrer und DV-Fachmann.

Karl Benz

Männerstammtisch in der Gastwirtschaft

Die Idee
Frauen treffen sich zum Frühstück, warum nicht Männer zum Vesper? Diese Frage gab mir und einigen Mitarbeitern in unserem kleinen Ort in Süddeutschland den ersten Impuls, über

eine Möglichkeit für Männer nachzudenken. In unserem Dorf kamen einmal im Monat Frauen zu einem Frühstück im Gemeindehaus zusammen – um miteinander zu reden, sich austauschen, miteinander zu essen und Gemeinschaft zu erleben. Wo haben Männer in unserer Gemeinde die Gelegenheit dazu? Sie, die oft ein sehr viel distanzierteres Verhältnis zur Kirche und Gemeinde am Ort haben. Wir dachten darüber nach – und luden die Männer unseres Ortes auf 20.00 Uhr zu einem Stammtisch ein.

Der Ort

Wo sollte ein solches Männertreffen stattfinden? Von Anfang an dachte ich an eine Gastwirtschaft; denn Männern, die nicht von Jugend an aktiv zu einer Gemeinde gehören, fällt es besonders schwer, unter den Augen der dörflichen Öffentlichkeit die Schwelle in kirchliche Räume zu übertreten. Es scheint in der »Männerwelt« als nichtmännlich zu gelten, sich mit religiösen Fragen zu befassen. Das sei vielmehr etwas für Kinder, das »schwache Geschlecht« und eben für »schwache Männer«. Diese Erfahrungen waren der entscheidende Grund, zum Männerstammtisch nicht ins Gemeindehaus, sondern in eine Gastwirtschaft einzuladen. Ich als Pfarrer würde »auswärts« spielen; doch für die Männer am Ort würde es ein »Heimspiel« sein.

Was vorausging

Schwer fiel mir dieses »Auswärtsspiel« nicht, denn ich hatte von Anfang an den Kontakt zu den Vereinen an unserem Ort gesucht. Wo es möglich war, wollte ich mit ihnen zusammenarbeiten. Dazu gehören z. B. ein »Gottesdienst im Grünen« als Beginn eines Vereinsfestes oder ein Gottesdienst auf dem Festplatz beim Dorffest, auch Kinder- und Jugendgottesdienste beim Zeltlager des Turnvereins und das Erzählen einer Geschichte bei der Nikolausfeier des Albvereins. Eine andere vertrauensbildende Gelegenheit war der gemeinsame Einsatz gegen den Bau einer Müllverbrennungsanlage. Seite an Seite mit Vereinsvorständen und vielen Mitbürgern unseres Ortes. Diese gemeinsamen Erfahrungen und vielfältigen Begegnungen in Freud und Leid, insbesondere bei Hausbesuchen und Besuchen im Krankenhaus, hatten Beziehungen zwischen mir und der Kirche fern stehenden Menschen geschaffen. Ich hoffte, dass sich deshalb Männer zu einem Männerstammtisch in ein Gasthaus einladen lassen würden, die sonst keinen Weg in die Gemeinde finden würden.

Das Gasthaus

Kein vornehmes Hotel, sondern das vertraute örtliche Landgasthaus, in dem sich die Sänger des Sängerbundes nach ihrer Probe zum gemütlichen Beisammensein und die Sportler nach ihrem Training treffen, sollte auch zu unserem Stammlokal werden. Die Wirtsleute nahmen uns freundlich auf. Inzwischen gehört der Wirt selbstverständlich zur Gesprächsrunde.

Die Teilnehmer

Wir sind keine homogene Gruppe. Die acht bis 16 Männer, die einmal monatlich, montags um 20 Uhr, unseren Stammtisch bilden, sind Landwirte, Handwerker, Arbeiter, Ingenieure, Kaufleute, Lokalpolitiker und Vereinsvorsitzende im Alter zwischen 30 und 75 Jahren. Etwa die Hälfte sind in der Kirchengemeinde als Mitarbeiter oder Teilnehmende dabei. Den anderen begegne ich im kirchlichen Bereich nur selten.

Worüber wir reden

Über Gott und die Welt, über das Leben und den Glauben reden wir. Unter diesem Motto haben wir eingeladen und angefangen. Der Abend beginnt immer mit einer offenen Gesprächsrunde; hier finden Gespräche zwischen den einzelnen Männern statt. In diesen Gesprächen wird immer wieder das aktuelle Dorfgeschehen zum Themenanlass.
Immer wieder ergibt sich aus dieser offenen Gesprächsrunde, für die wir uns eine halbe Stunde Zeit nehmen, das Thema für den ganzen Abend. Dies war zum Beispiel der Fall, als ein allseits geachteter und beliebter Mitbürger überraschend früh starb und einer der Männer während der offenen Gesprächsrunde fragte: »Womit hat er das verdient?« An diesem Abend redeten wir dann über die Fragen, wer wir sind und wozu wir leben.

In der Regel überlege ich mir aber ein Thema, das ich im Anschluss an die offene Gesprächsrunde z. B. anhand eines Bildes, einer Karikatur, eines Themensatzes oder einer Kurzgeschichte einbringe.
Selten lade ich einen Gast zu einem Thema ein oder bitte jemanden, von einer Reise o. a. zu berichten.

Was den Männern wichtig ist
»Über solche Dinge (Fragen des Glaubens und Christseins) redet man sonst nirgends«, stellte einmal einer der Männer fest und fand mit dieser Aussage Zustimmung bei den anderen. Die Männer erwarten, dass ich als ihr Pfarrer ein geistliches Thema einbringe und als Glaubender Stellung beziehe. Sie erwarten keinen Vortrag, sondern einen persönlichen Beitrag. Sie erwarten, dass ich zuhöre und Verständnis für ihre Lebenssituation und ihre Konflikte im Berufsleben habe. Sie erwarten im Grunde Seelsorge.
Offensichtlich ermöglicht der Stammtisch, bei dem wir Männer unter uns sind, dies: Die Männer können sich öffnen und ganz unkompliziert, so wie es jedem möglich ist, über Lebens- und Glaubensdinge sprechen.

Was mir wichtig ist
Ich wünsche mir, dass ich den Männern schon durch die Art und Weise des Umgangs mit ihnen zeigen kann, dass sie mir wichtig sind. Darum möchte ich sie mit ihren Fragen und Sorgen bewusst ernst nehmen und ihnen nahe sein. Dieses seelsorgerliche Reden und Umgehen mit den Männern hat für mich besondere Bedeutung. Darüber hinaus möchte ich den Männern helfen, Vorurteile im Blick auf den Glauben abzubauen und zu entdecken, dass Jesus Christus auch für sie das Entscheidende getan hat und tun wird.
Nicht selten gilt es Enttäuschungen, die die Männer durch Menschen der Kirche erfahren haben, aufzuarbeiten, damit sie wieder neu Zugang zur Gemeinde finden. Nicht zuletzt lebt unser Männerstammtisch vom Gespräch der Männer untereinander. Es ist mir wichtig, dass die Männer sich äußern, und ich freue mich, wenn sie das, wie schon oft geschehen, auf offene und persönliche Weise tun.

Ich verstehe diese Männerarbeit nicht als Mitte der Gemeindearbeit, aber als wichtigen Brückenschlag hinüber zu den Männern, die anders nicht erreicht werden könnten.

Karl Benz, Jahrgang 1944, ist verheiratet und hat drei Töchter.
Er ist seit 1989 Pfarrer Giengen-Hürben und im Nebenamt Männerpfarrer im Kirchenbezirk Heidenheim.

Ulrich Mack

Männervesper in Bernhausen

Der Gottesdienst ist fast zu Ende. Ich lese die Bekanntmachungen vor: »Frauenfrühstück am nächsten Donnerstag, 9.00 Uhr. An festlich gedeckten Tischen können Sie Gemeinschaft erleben und ein interessantes Referat hören von Frau Dr. ...« So lade ich wieder zu einem Frauenfrühstück in unserer Gemeinde ein, wie es alle drei Monate stattfindet – mit erfreulicher Resonanz. Schon viele Frauen, die wenig oder keinen Kontakt zur Kirchengemeinde hatten, haben sich zum Frauenfrühstück einladen lassen und haben so zur Gemeinde Kontakt gefunden.

Nach dem Gottesdienst gibt es »Kirchenkaffee« auf dem Platz vor der Kirche. »Das darf nicht so bleiben«, raunen wir einander zu, die Kaffeebecher fest in der Hand. Wir – das sind fünf Männer, die gerade zufällig beieinander stehen: Unternehmer, Geschäftsleute am Ort, Mitarbeiter in einem Verlag, dazu ich als Pfarrer. »Das darf nicht so bleiben, dass nur die Frauen ihr ganz besonderes Treffen haben«, raunen wir uns zu. Alle fünf nicken. »Es ist nicht gut, dass wir als Kirchengemeinde nicht auch die Männer zu einer anspruchsvollen Veranstaltung mit kulinarischem Akzent einladen!« Darüber sind wir uns schnell einig. Die Männer unserer Gemeinde wollen wir erreichen – aber wie? Und wohin? Und womit?

Und wann?

Auf die letzte Frage fanden wir rasch eine Antwort: Auf jeden Fall nicht zu einem Frühstück. Dafür käme nur der Samstag in Frage; und da hatte schon eine andere Gemeinde negative Erfahrungen gemacht. Also ein Abend. Und auch kein Frühstück, sondern ein Abendessen. Ein Vesper. Ein »Männervesper« eben. Noch bevor der Kaffee in unseren Bechern kalt wurde, fassten wir den Montag ins Auge. Wochenbeginn – noch hat uns die neue Woche nicht überrollt; »Mann« gönnt sich noch was. Außerdem sind am Montag wenig typische Männerprogramme im Fernsehen und wenig Veranstaltungen am Ort.

Der Startschuss war gefallen.
Aus dem Kirchenkaffee-Ständerling wurde ein Team. Aus der Idee ein Programm. Seitdem laden wir drei- bis viermal jährlich zum Männervesper in Bernhausen ein. An einem ersten Männervesper-Team-Treffen besprachen wir die weiteren Fragen:

Wohin können wir Männer einladen?
Auf keinen Fall ins Gemeindehaus. Die Hemmschwelle wäre für viele zu hoch. Erst recht nicht in die Kirche. Am besten überhaupt nicht in einen kirchlichen Raum, sondern in einen öffentlichen. Gepflegte Atmosphäre, gute Verpflegung, zentrale Lage – das waren unsere Kriterien. Wir fanden einen Saal in einem Hotel in zentraler Lage in unserem Ort. Gut 80 Plätze – das schien geeignet.

Womit können wir Männer erreichen?
Das Vesper muss stimmen! Verschiedene Brötchen, reich belegte Wurst- und Käseplatten kamen bisher gut an. Aber genauso wichtig: Die Themen der Referate müssen stimmen. Darüber sprachen wir im Team ausführlich und stellten fest: Was bei Frauen gut ankommt – nämlich Themen über Beziehungen, Gefühle, seelische Probleme, Erziehung, Selbstwertfragen usw. – zieht Männer nicht sofort an, vermittelt ihnen eher Unsicherheit und Angst. Die Erfahrung nach einigen Jahren bestätigt die erste Vermutung: Zu Themen über Seelisches und Beziehungsfragen kommen nicht ganz so viel Männer wie zu anderen Themen.

Was aber sind Männerthemen? Sicher eher Sachfragen: Gesellschaftliche und politische Zusammenhänge, Wirtschaft und Beruf, auch Management, Umgang mit der Zeit, der Fitness – und so mit dem eigenen Leben.

Hier eine Auswahl unserer Männervesper-Themen:

- »Wackelt der Wohlstand?« (mit einem Wirtschaftsfachmann)
- »Wie moralisch ist der Markt? – Ein Abend über den Zusammenhang von Wirtschaft und Ethik«
- »Liebe Zeit – meine Zeit – keine Zeit« (über Zeitmanagement)
- »gefordert – überfordert – herausgefordert – Mut zum Leben in stressiger Zeit«
- »Mensch, sei fit!« (über Gesundheit und Fitness, mit Trainings-Übungen)
- »Ein Physiker spricht von Gott. Passen Naturwissenschaft und Glaube zusammen?«
- »Hat die Kirche eine Zukunft?«
- »Was Mann schon immer über die Frau wissen wollte« (zum ersten und bisher einzigen Mal sprach hier eine Referentin!)
- »Mann, sei doch liebenswert – ein Abend über die Herausforderungen des Alltags und psychische Stabilität«
- »Prägen mit Profil – unsere Verantwortung in Menschenführung und Erziehung«
- »Eine Frage der Geld-Anschauungen« (über den Umgang mit Geld und Besitz)
- »Sehnsucht nach Sinn« (über Sinnsuche und Sucht)
- »Eisschrank und Kuschelbär – Typen gibt's« (über Charaktertypen)

Die Suche nach geeigneten *Referenten* ist manchmal nicht einfach, aber stets lohnend. Wichtig ist dabei, sich umzuhören (wer hat wo über was gesprochen) und sich umzusehen (wer hat über was geschrieben).

Wie erreichen wir Männer?
Und wie gestalten wir den Abend?

▶ Eine gut gestylte Doppelkarte im wieder erkennbaren Design, ansprechend, etwas Wertvolles verheißend, ließen wir drucken. Die hintere Karte lässt sich abtrennen, ausfüllen und als Anmeldung an die Adressen der Teammitglieder schicken. Unsere Erfahrung: Wer sich anmeldet, bindet sich innerlich mehr an das Treffen. Der Grad der Verbindlichkeit wird erhöht. Und wir wissen etwa, wie viele kommen werden – und können die Zahl der Wurstplatten besser planen. Freilich machen wir auch die andere Erfahrung: Etwa ein Drittel der Männer, die zum Vesper kommen, melden sich nicht an. Dennoch behielten wir bisher die Doppelkarte mit Anmeldung bei.

▶ Eine persönliche Begrüßung an der Tür durch ein oder zwei Teammitglieder ist uns wichtig.

▶ Der Programmablauf folgt einem festen Raster:

19.05 Uhr	Begrüßung
19.10 Uhr	Interview mit dem Referenten des Abends: gute, gezielte Fragen; am Schluss eine provokante These oder heiße Frage, über die »Mann« nun beim Vesper diskutieren kann und soll
19.25 Uhr	Vesper, eingeleitet durch ein Tischgebet
20.00 Uhr	Referat, ca. 45–60 Minuten
20.50 Uhr	Gespräche an Tischen
21.15 Uhr	Fragen an den Referenten; Aussprache
21.45 Uhr	Abschluss des Abends

▶ Wir verzichten bewusst auf eine fromme Einleitung; auch das Schlusswort hat keinen ausgesprochen »geistlichen« Charakter. Den Referenten bitten wir aber, deutlich als Christ zu sprechen und mit der eigenen Glaubensüberzeugung nicht hinter dem Berg zu halten.

▶ Begrüßung, Interview, technische Vorbereitung und andere Aufgaben haben wir im Team aufgeteilt. Ich als Pfarrer begrüße an der Hoteltür, trete aber während des Abends bewusst nicht auf, um den Anschein einer (wieder einmal) pfarrerzentrierten frommen Veranstaltung zu vermeiden. Ein Teammitglied (im Hauptberuf Unternehmer) begrüßt und leitet den Abend, ein anderes (Mitarbeiter in einem Verlag) führt das Interview. Andere sind organisatorisch tätig.

▶ Ein pünktlicher Schlusspunkt ist wichtig. Dazu gehört bei uns auch die Rose. Jeder Mann bekommt beim Hinausgehen eine Rose geschenkt – zum Weitergeben an Frau oder Freundin;

dadurch hat das Männervesper auch bei den Frauen schon einen guten (An-)Klang gefunden.

▶ Und die Finanzen? Das Männervesper trägt sich selbst. Wir erbitten einen Unkostenbeitrag von 20,– DM für Vesper und Referentenkosten. Getränke sind selbst abzurechnen.

Erfahrungen

Nach sechs Jahren können wir Folgendes festhalten: Das Männervesper gehört zum festen Bestandteil des Gemeindelebens. Etwa 60 – 80 Männer kommen einigermaßen regelmäßig, darunter viele, die sonst wenig oder keinen Kontakt zur Kirchengemeinde haben. Sie hören Referate, die ihnen weiterhelfen. Sie erleben, wie überzeugte Christen mit Fragen umgehen, die auch ihre Fragen sind. Und auch schon durch die provokante These am Schluss des Interviews kommen sie miteinander über Lebens- und Glaubensfragen ins Gespräch, über die »Mann« sonst sehr selten redet. Erfreulicherweise lassen sich auch viele engagierte Geschäftsleute aus unserem Ort einladen. Die unaufdringliche Atmosphäre, der neutrale Hotelsaal in der Ortsmitte tragen ebenso zum guten Ruf des Männervespers bei wie die Erfahrung: In der Regel haben die Referenten wirklich etwas zu sagen!

Zweimal haben wir bisher den Sprung aus dem örtlichen Hotel in den großen Saal eines Kongresszentrums gewagt, das in unserem Ort neu gebaut wurde. Zum Männervesper in der »FILharmonie« luden wir bekannte Referenten ein und warben überregional. Etwa 300 Männer kamen. Das erfreuliche Echo machte uns Mut, ein solches »großes Männervesper« in Zukunft einmal jährlich zu planen. Die relativ hohen Kosten für Saal, Essen, Referenten und Werbung bergen freilich ein gewisses Risiko. Doch durch gute Werbung und finanzielle Unterstützung – auch durch Geschäftsleute am Ort – hoffen wir, das große Männervesper alle ein oder zwei Jahre regelmäßig durchführen zu können. Die »Basis« bleiben aber die drei Männervesper-Abende pro Jahr im örtlichen Hotel.

Roland Krause

Festmenü bei Kerzenschein

Programm des ersten Offenen Männerabends in Hausen lässt Männerherzen höher schlagen und öffnet Türen für Männerthemen

Bericht aus dem Gemeindebrief der Evangelischen Kirchengemeinde Hausen/Zaber, Nr. 34/Dez. 1997

»Südtiroler Bauernspeck umlegt mit herbstlichen Salaten, Tomatencremesuppe mit Fetakäse und Eismeergarnelen, marinierter Jungschweinerücken in Thymianrahmsauce und Stein-

champignons mit Keniabohnen im Speckmantel und hausgemachten Spätzle, festliches Adventsdessert und Käse vom Brett«: Es liest sich wie die Speisekarte eines Feinschmeckerlokals. Und so schmeckt es auch, was Chefkoch Harald Aßheim vom Männertreff der evangelischen Kirchengemeinde am Abend des 29. November 1997 in der Küche der Hausener Mehrzweckhalle zaubert.

Seit gut zwei Jahren gibt es den Hausener Männertreff. Doch Idee und Ziel einer Männerarbeit in Hausen sind viel älter. Seit Jahren träumten Reinhard Röther und Pfarrer Krause von einer Arbeitsform, die Männer anspricht. Sie träumen und überlegen, bis sie Harald Aßheim, einem Hausener Neubürger und exzellenten Meister seines Faches kennen lernen. Dem kommt beim Waldlauf zusammen mit dem Pfarrer, die zündende Idee: Wir bieten im Gemeindehaus einen Männerkochkurs an.

Seit September 1995 ziehen nun jeweils am letzten Samstag des Monats raffinierte Düfte durchs Hausener Gemeindehaus. Unter Anleitung von Harald Aßheim kocht eine jeweils wechselnde kleinere Gruppe ausgefallene Rezepte. Um 20.00 Uhr strömen die restlichen Teilnehmer herbei und lassen sich verwöhnen. Reinhard Röther und Klaus Leuze stehen als Verantwortliche für den inhaltlichen Teil gerade. »Wir wollen ganz praktisch und ganz offen über Männerthemen miteinander ins Gespräch kommen. Und wir wollen zeigen, wie unser Christsein unser Mannsein prägen kann«, so umreißt Reinhard Röther die Ziele des Hausener Männertreffs.

Schnell wuchs der Kreis auf die Zahl, die einen sinnvollen Gruppenprozess und auch die Kapazitäten des kleinen Hausener Gemeindehauses gerade noch zulassen. Und immer mehr melden ihr Interesse an. So reifte vor Monaten der Plan eines großen offenen Männerabends heran. Als Referent wurde der Landesbeauftragte für Männerarbeit der Evang. Landeskirche in Württemberg, Ulrich Hirsch, gewonnen. Einladungsform, Bestuhlung, Tischdekoration, Technik – alles wird minutiös geplant. Alle Hausener Männer von 18–65 Jahren werden mit einem persönlich überbrachten Schreiben eingeladen. Chefkoch Harald Aßheim und seine Assistenzköche stehen seit 8.00 Uhr früh in der Küche. 33 kg Schweinerücken, 240 Portionen Bohnenröllchen, Spätzle aus 10 kg Mehl und 70 Eiern, 7 kg Käse und exotische Früchte wollen kunstvoll vorbereitet sein.

18.00 Uhr letzte Besprechung. Dann kommen die Gäste.

Sektempfang im Foyer, die Hausener Mehrzweckhalle ist von ungezählten Kerzen auf den Tischgruppen und im Raum in warmen, festlichen Glanz getaucht. Über 100 Hausener Männer nehmen an den Tischgruppen Platz und werden von Pfarrer Krause und Reinhard Röther begrüßt. Flinke Männertreff-Kellner servieren ein fünfgängiges Festmenü. Zwischen den Gängen referiert Ulrich Hirsch. »Mannsein heute: Arbeit, Familie, Freizeit. Und wo bleibe ich?«, so lautet sein Thema. Wie ein unklar gewordenes Rollenverständnis, wie die rasanten Umwälzungen in der Berufs- und Arbeitswelt, wie eine sich ständig wandelnde Erlebnis-, Freizeit- und Konsumwelt Männer an vielen Fronten in fast unerträgliche Zerreißproben führt, davon weiß Ulrich Hirsch anschaulich mit vielen Beispielen zu berichten.

Als Anregungen gibt er den Männern u. a. mit: Das offene Gespräch und den Schutzraum einer Aussprache von Mann zu Mann suchen. Sich einen Wüstentag (z. B. allein durch den Stromberg zu wandern oder an einem Einkehrwochenende teilzunehmen) zu gönnen und wieder auf den Rhythmus von Jahreszeit, Woche und Tag zu achten. Einmal die Karten (die eingefahrenen Rollenverteilungen) neu zu mischen und den Wert des Menschen nicht allein im schwäbischen Credo (»Schaff ebbes, no hasch ebbes, no bisch ebbes.«) zu sehen, sondern in dem Wert, den Gott uns als Geschöpfen zuerkennt.

Bis lange nach Mitternacht reden die Gäste des ersten Offenen Männerabends miteinander. Zu schön ist die Atmosphäre und zu interessant sind die Gespräche. Irgendwann vor oder nach der Wunderkerzen-Eisdessert-Parade geht Ulrich Hirsch zum Mikrofon: »Was ihr hier in Hausen macht, ist absolut einmalig. Ich komme weit rum im Ländle und kenne fast alle kirchliche Männerarbeit. Doch so etwas habe ich noch nie erlebt. Da kann man euch nur gratulieren!« Auch die 80 ausgefüllten und inzwischen gesichteten Rücklaufkarten bescheren dem Hausener Männertreff-Team um Reinhard Röther, Klaus Leuze und Harald Aßheim wahrhafte Traumnoten. Was der Männertreff der evangelischen Kirchengemeinde Hausen mit seiner Premiere wollte, hat er erreicht: Es wurde eine Tür geöffnet zum Gespräch über »Männerthemen«.

Es werden ganz sicher weitere Offene Männerabende stattfinden.

Roland Krause, Jahrgang 1950, ist verheiratet, hat vier Kinder und ist Pfarrer in Hausen.

Prof. Dr. Rainer Nobiling

Männergebetsfrühstück in Schriesheim

Samstags um 7.30 Uhr versammeln sich im Untergeschoss des evangelischen Gemeindehauses in Schriesheim, einer Kleinstadt nördlich von Heidelberg, etwa 15 Männer zu Gebet und Frühstück. Dieses »Männergebetsfrühstück« ist einer von mehreren Männerkreisen in der evang. Kirchengemeinde in Schriesheim. Die Idee stammt ursprünglich aus den USA, von wo sie einer der Gründer des Kreises mitbrachte, der seit etwa 20 Jahren als Missionar unter in Deutschland ansässigen Moslems (insbesondere Türken) wirkt. Der Erfahrungshintergrund des Gründers bestimmt natürlich die Aktivitäten eines solchen Kreises mit. Das Ziel ist es, berufstätige Männer (Familienväter und Junggesellen) einmal in der Woche zu einer biblischen Andacht, zu Gebet und Fürbitte und einem anschließenden Frühstück zusammenzubringen. Oft zitierte Grundlage des Kreises ist dabei:

»Und als sie Gott geschaut hatten, aßen und tranken sie.« (2. Mose 24,11)

Warum *Männer*gebetsfrühstück? Wir Männer haben spezifische Probleme, auch eigene Interessen, die wir gemeinsam vor Gott bringen wollen.
*Gebets*frühstück? Wir beten für Gottesdienste und andere Veranstaltungen, für die Mitglieder unserer Kirchengemeinde und für Gemeindekreise, für Konfirmanden- und Jugendarbeit, für Verantwortungsträger in Kirche und Politik, für andere Länder und Weltmission.
Und schließlich: *Frühstück*? Es war den Gründern des Kreises wichtig, berufstätige Männer zu erreichen, die nur wenige Abende in der Woche frei haben und diese ihren Familien widmen möchten. Der Samstagmorgen dagegen ist meist frei; das gemeinsame Frühstück schafft eine

ganz besondere Atmosphäre, in der brüderliche Gemeinsamkeit viel Raum hat.
Im Moment besteht der Kreis aus einer Gruppe von etwa 20-25 Männern, überwiegend (aber nicht nur) aus der Gemeinde Schriesheim; er trifft sich jeden Samstag im Gemeindehaus. Gelegentlich findet das Frühstück auch im Garten eines Mitglieds statt (z. B. bei Geburtstagen oder anderen festlichen Anlässen).

Der Verlauf eines Samstagmorgens
Der normale »liturgische« Beginn ist um 7.30 Uhr, nach einer Andacht über ein biblisches Thema (20–30 Min.) folgt eine Gebetsgemeinschaft (15–25 Min.). Ein von zwei Männern vorbereitetes Frühstück beschließt die Runde, manchmal sehr reichhaltig, manchmal auch – wegen unserer Vergesslichkeit – eher spärlich; nur Kaffee und Brötchen sind obligatorisch!

»Unter Männerfrühstück hatte ich mir etwas anderes vorgestellt.«

Die biblischen Themen der Andachten werden in der ganzen Runde oder in einem kleineren Leitungskreis vorbesprochen und vorstrukturiert. Die Verantwortung für die einzelne Andacht wechselt dann zwischen verschiedenen Männern. Immer ist das Bemühen spürbar, nicht in unstrukturierte und daher meist uferlose Allgemeinandachten abzugleiten: Die Heilige Schrift soll unser konkreter Dreh- und Angelpunkt sein. Die Gebetsgemeinschaft wird durch das Zusammentragen von Gebetsanliegen vorbereitet und mit dem Vaterunser abgeschlossen. Eine freie Diskussion über die Andacht oder auch andere Themen findet dann während des Frühstücks am Tisch statt. Der Kreis kommt ohne Ferienpause an etwa 50 Samstagen im Jahr zusammen. Dabei gibt es gelegentlich aktuelle Gesprächsthemen, die das normale Ende (9.00 Uhr) auch schon einmal in Richtung 10.00 Uhr schieben (Synodenbeschlüsse, Bischofswahlen ...).

Aktivitäten

Doch bei diesen Treffen am Samstag enden die Aktivitäten des Kreises nicht:

- Seit 1984 richten die Männer dieses Kreises mit Hilfe der Familien das Morgengebet am Ostermorgen aus (5.00–7.00 Uhr in der Kirche). Dazu gehört auch das sich anschließende Osterfrühstück im Gemeindehaus, zu dem die ganze Gemeinde eingeladen ist. Im Lauf der Jahre hat sich eine Beteiligung von etwa 80 Personen entwickelt.
- Der Kreis unterstützt die nichtstaatliche Schwangerschaftskonfliktberatungsstelle »Die Birke e. V.« in Heidelberg/Neckargemünd – vor allem finanziell, aber auch durch praktische technische Hilfe bei Umzügen oder durch das Verabreden von Vorträgen.
- Der Kreis unterstützt außerdem eine Hebamme/Missionarin in der arabischen Welt, die von der evangelischen Gemeinde in Schriesheim ausgesandt wurde, außerdem die »Kindernothilfe«.
- Bedingt durch die Tätigkeit des Gründers sind die Mitglieder des Kreises mit vielen missionarischen Aktivitäten und daraus resultierenden Schwierigkeiten konfrontiert, die über die konkrete Fürbitte in gelegentliche Projekthilfe münden.

– In die Gemeindearbeit der evangelischen Ortskirchengemeinde ist der Kreis fest eingefügt: Es gibt eine alte Tradition eines monatlichen Fürbittegottesdienstes in der Gemeinde; hierbei wird der Gemeindepfarrer oft bei der Gestaltung und Durchführung durch Männer aus dem Gebetsfrühstück unterstützt: Gebetsanliegen sammeln, formulieren, bei Lesungen aktiv werden oder die Liedauswahl treffen – all diese Aufgaben werden von Männern des Gebetsfrühstücks gelegentlich und immer wieder wahrgenommen.

Das Altersspektrum reicht derzeit von 30 bis 70 Jahren. An Berufen sind Lehrer, Krankenpfleger, Ingenieure, Hochschullehrer, Bahnbeamte, Soldaten oder auch Studenten (sogar Theologen!) vertreten. Der Kreis bemüht sich, meist sogar mit Erfolg, gastfreundlich zu sein.
Zu diesen eher technischen »Eigenschaften« gehört eine Grundlage aus geistlicher Substanz: ernsthaftes Bemühen, die Bibel zu verstehen und nach ihr zu leben, Sorge um Mitmenschen, die in schwierige Lebenssituationen geraten sind. Es soll aber auch die Botschaft weitergegeben werden, dass kirchliche Arbeit nicht nur vom Gemeindepfarrer und ein paar alten Frauen getragen wird. Dieses Vorurteil ist so unausrottbar wie falsch: Das Männergebetsfrühstück lebt die Alternative; sogar Neukonfirmierte »verirren« sich gelegentlich in den Kreis. Obwohl dies immer nur für kurze Zeit passierte, wurde dabei jedoch deutlich, dass jeder eingeladen ist.

Rainer Nobiling, 50 Jahre alt, ist verheiratet und hat zwei erwachsene Kinder. Er ist in der Forschung in der Chirurgischen Universitätsklinik Heidelberg tätig und seit über 12 Jahren im Kirchengemeinderat Schriesheim.

Karl Benz

Männersonntag im Kirchenbezirk

Seit 1993 gibt es im Kirchenbezirk Heidenheim (nördlich von Ulm in Süddeutschland) wieder den Männersonntag: ein Bezirkstreffen für Männer an einem Sonntagvormittag.

Eine kleine Initiativgruppe bereitete 1993 den ersten Männersonntag vor. Diese setzte sich aus einigen Männern aus einem Männerkreis, dem Dekan, einem Mitarbeiter der Landesstelle des Männerwerks und dem Bezirksmännerpfarrer zusammen. Als Termin hat sich inzwischen der zweite Sonntag im November bewährt, ebenso die Begrenzung des Programms auf den Sonntagvormittag – ohne Mittagessen.

»Liebe Männer, läuft ohne euch wirklich nichts?«

Die Männer sollten den zweiten Teil des Sonntags bei ihren Familien sein können.
In einer schriftlichen Meinungsumfrage beim ersten Männertreffen befürworteten die Teilnehmer diesen zeitlichen Rahmen. Aufgrund dieser Erfahrung haben wir uns bisher auch daran gehalten – besonders im Blick auf das pünktliche Ende.

Ablauf des Bezirksmännertreffens

9.30 Uhr	Gottesdienst Wir feiern den Gottesdienst zusammen mit der Gemeinde, in der das Treffen stattfindet. Männer aus dem Bezirk und der Referent des Tages gestalten den Gottesdienst, in dem ein Posaunenchor mitwirkt.
10.45 Uhr	Zusammensein im Gemeindehaus: Referat über das Thema des Tages, Gespräch der Männer untereinander
12.00 Uhr	Abschluss mit Lied, Wort auf den Weg und Gebet
12.15 Uhr	Ende

Themen
Unser Bezirksmännerteam, das aus einigen ehrenamtlichen Mitarbeitern und dem Bezirksmännerpfarrer besteht, wählt ein Thema aus oder sucht mit einem interessanten oder bekannten Referenten zusammen ein Thema.

Bisherige Themen:
– Arbeit ist das halbe Leben – und die andere Hälfte?
– Ohne mich läuft nichts!
– Sehnsucht nach Leben
– Mut zur Verantwortung – gegen Rückzug und Resignation
– Gewiss ist der Tod, ungewiss die Stunde – doch ganz gewiss ist: Jesus Christus hat dem Tod die Macht genommen.

Wir haben den Eindruck, dass Männer offen sind für persönliche geistliche Fragen des Lebens und Glaubens. Insbesondere unser letztes Thema »Gewiss ist der Tod ...« hat viele angesprochen und zu positiven Rückmeldungen geführt.

Vorbereitung

Unser Bezirksteam trifft sich mit den Referenten, um das Thema, die mögliche Durchführung und die Beteiligung weiterer Mitwirkender zu beraten und zu beschließen. Weitere Vorbereitungstreffen werden vereinbart, anstehende Aufgaben verteilt und ein Zeitplan erstellt.

Der Männersonntag

Die Referenten halten im Gottesdienst die Predigt. Männer aus dem Bezirk gestalten die Liturgie. Durch das anschließende Zusammensein führt je nach Themenstellung der Referent allein oder zusammen mit anderen Mitwirkenden.

Beim Thema »Ohne mich läuft nichts« haben ein Bürgermeister, ein Lehrer und Kreisrat, ein Landwirt und ein Dipl.-Ingenieur aus ihrem Leben erzählt: »Wie's bei mir läuft.«
Beim Thema »Mut zur Verantwortung« haben ein Schulleiter, der sich im Umweltbereich engagiert, ein Kreispolitiker und ein Kirchengemeinderat Stellung bezogen und so ein lebhaftes Gespräch an den Tischgruppen angeregt.

Ort

Das Treffen beginnt in einem normalen Gemeindegottesdienst. Als Ort wählen wir aber jetzt nicht mehr – wie in den ersten Jahren – eine große zentrale Kirche, sondern ein kleineres Gemeindezentrum. Dies fördert die Identität und Gemeinschaft der Männer untereinander. Innerhalb einer kleinen Gottesdienstgemeinde fällt die große Zahl der Männer erfreulich auf – nicht nur beim Singen.
Zum zweiten Teil unseres Treffens versammeln wir uns im Gemeindehaus an Tischgruppen. Bei Getränken und Gebäck, die zur Selbstbedienung auf dem Tisch stehen, entsteht eine kommunikative Atmosphäre.

Werbung
Die Pfarrämter erhalten bald nach den Sommerferien Presseinformationen für Zeitungen, örtliche Nachrichtenblätter, Gemeindebriefe usw.
Zusätzlich werden Einladungszettel und Plakate an die Pfarrämter versandt.
Die wichtigste und wirksamste Werbung geschieht aber über die »Vertrauensmänner« in den Gemeinden: In jeder Gemeinde versuchten wir (über Pfarrer und Kirchengemeinderäte), Männer zu gewinnen, die als »Vertrauensleute für die Männerarbeit« tätig werden. Sie sind inzwischen das Rückrat unserer Bezirksmännerarbeit. Sie laden zu unseren Bezirksveranstaltungen, dem einmal jährlich stattfindenden Männersonntag und einem weiteren Männertreffen an einem Abend im Frühjahr ein und kommen selbst dazu.
Um sie in dieser Aufgabe zu stärken, treffen wir uns einmal im Jahr, um mit ihnen über einen Bibeltext ins Gespräch zu kommen, über Fragen der Männerarbeit nachzudenken, sie zu informieren und ihre Meinungen zu hören. Aus dem Kreis der Vertrauensmänner erklärten sich Einzelne bereit, im Bezirksteam mitzuarbeiten.

Karl Benz, Jahrgang 1944, ist verheiratet und hat drei Töchter. Er ist seit 1989 Pfarrer in Giengen-Hürben und im Nebenamt Männerpfarrer im Kirchenbezirk Heidenheim.

Fritz Leng

»Wenn der Vater mit dem Sohne ...« – Vater-Sohn-Camps

Seit drei Jahren führt der CVJM-Landesverband Württemberg gemeinsam mit dem Evang. Jugendwerk Württemberg Vater-Sohn-Camps durch. Diese Wochenenden haben sich inzwischen zum absoluten Renner im CVJM-Angebot entwickelt.

– Welche Wünsche und Sehnsüchte stecken hinter diesem großen Bedürfnis der Väter, einmal ein Wochenende allein mit ihren Söhnen erleben zu können?
– Was für Chancen beinhaltet es, wenn »der Vater mit dem Sohne« auf Tour geht?
– Wie können solche Camps vorbereitet und durchgeführt werden?

Beobachtungen bei Familien

Das Bedürfnis nach Vater-Sohn-Camps hängt mit verschiedenen Entwicklungen zusammen, die ich in den letzten Jahren beobachtete:

▶ Kinderbetreuung und Kinderprogramme bei Freizeiten und Veranstaltungen werden immer schwieriger. Die Unlust und Unfähigkeit von Kindern, sich durch solche Programme ansprechen zu lassen, hat in einem deutlichen Maß zugenommen. Mitarbeiterinnen und Mitarbeitern gelingt es trotz hoher Motivation und Erfahrung immer weniger, Kinder mit solchen Programmen zu begeistern. Kinder möchten nicht einfach »abgegeben« werden, sie möchten zusammen mit ihren Eltern etwas erleben.

▶ Angebote, zu denen die ganze Familie, also Kinder und Eltern gemeinsam, eingeladen sind, üben eine zunehmende Anziehungskraft auf Familien aus. Die hohen Besucherzahlen und die Beliebtheit von Familiengottesdiensten, Kinder-Eltern-Konzerten, Familientagen usw. bestätigen diesen Trend. Im CVJM in Württemberg haben wir bei einem Großtreffen einen ganzen Tag für Kinder und Erwachsene mit »Circus-Cevimmy« und anderen Veranstaltungen eingeführt.

▶ Viele der so genannten »neuen Väter« möchten sich bewusst mehr Zeit für ihre Familie und besonders für ihre Kinder nehmen. Karriere im Beruf und vor allem Engagement im Ehrenamt spielen bei vielen Männern nicht mehr die bestimmende Rolle, sondern werden der Familie nachgeordnet.

▶ Geschiedene Väter, die oft nur jedes zweite Wochenende mit ihren Kindern verbringen können, suchen verstärkt nach Angeboten, an denen sie zusammen mit ihren Kindern teilnehmen und dabei andere Kinder und Väter erleben und kennen lernen können.

▶ In unserer hoch technisierten, verwalteten und komplizierter gewordenen Welt wird es immer schwerer, »abenteuerliche Männerunternehmungen« zu erleben:
Wo kann Mann denn noch ein Feuer machen, Haselnussstecken schnitzen, am Bach toben, Kanu fahren, Zelten, Klettern, Fußball spielen oder einfach Bretter zusammennageln? Wo gibt es die entsprechenden Plätze, das Material und die Mitspieler?

Warum haben wir im CVJM mit Vater-Sohn-Camps begonnen?

▶ »Papa, gehn wir am Samstag in den Zoo?!«
Fast alle Väter sind täglich viele Stunden durch ihre Berufstätigkeit von der Familie und ihren Kindern getrennt. In der Regel erleben die Kinder zumindest während der Woche die Mutter viel intensiver und länger als den Vater.

▶ »Wenn ich mal groß bin, will ich auch ein Papa wie du werden!«
Kinder, vor allem Söhne, brauchen neben der intensiven Beziehung zu der Mutter auch die Zuwendung ihres Vaters. Der Vater kann seinem Sohn ein Vorbild geben, das den Sohn ermutigt, selbst zum Mannsein heranzureifen.

▶ »Papa, gehen wir kicken!?«
Da Männer und damit auch Söhne in ihrer Grundstruktur in der Regel einen starken Drang nach Unternehmung haben und »nach außen« drängen, sehnt sich der Sohn nach Erlebnissen mit seinem Vater.

▶ »Papa, wir zwei halten zusammen!«
Nach einigen Jahren einer berechtigten, aber teilweise stürmischen Frauenbewegung und Betonung des Weiblichen und des Frauseins (das hat uns Männer manchmal zu sehr in die Passivrolle gedrängt) brechen Männer jetzt neu auf, um ihr Mannsein und Vatersein zu gestalten und dazu zu stehen.
Diese Beobachtungen machten uns im CVJM-Landesverband in Württemberg Mut, für Juni 1995 ein erstes großes Vater-Sohn-Camp zu planen. Verblüfft konnten wir feststellen, dass dieses Wochenende bereits Ende Januar mit 100 Plätzen total ausgebucht war. Auch in den folgenden Jahren war das Camp mit inzwischen 140 Plätzen schnell voll belegt. Der Bedarf für solche Camps scheint riesengroß zu sein.

Das Programm des Vater-Sohn-Camps
Die Grund-Idee ist einfach: Wir bieten den Ort, das Programm, Material und uns selbst an, damit Väter mit ihren Söhnen ein aktionsreiches Wochenende erleben können. Am Samstagvormittag gibt es ein biblisches Erlebnisprogramm für die Söhne. Gleichzeitig treffen sich die Väter zu einer Gesprächsrunde. Alle weiteren Programmpunkte erleben Väter und Söhne miteinander: Lagerfeuer mit Würstchen braten und spannende Geschichte, Schlafen im Zelt auf der Isomatte oder Luftmatratze, frei zu wählende Aktionsangebote wie Kanufahren, Höhlenerforschung, Klettern, Floßbau- und -fahrt auf der Donau bis zum Radfahren. Das große kalte Büfett am Abend und der Gottesdienst am Sonntag runden das gemeinsame Programm ab. Zwischendrin bleibt viel Zeit zur freien Gestaltung. Diese wird von den kleinen und großen Männern intensiv genützt mit Fußball- oder Federballspielen, Nageln (wir stellen viele Bretter und Nägel einschließlich Rotkreuzkoffer zur Verfügung), Schnitzen und vielem mehr.

Väter und Kinder sollen durch dieses Wochenende erleben: »Gott ist ein guter Vater, ihm kann ich in jeder Lebenssituation oder Altersphase voll vertrauen.«
Deshalb sind unsere spannenden Lagerfeuergeschichten (»Jimmy Goggels, der Taucher«, »Gräte und Fillis Super-Gag«) im Grunde Vertrauensgeschichten (s. Literaturhinweis unter »Kontakte«).

Ein wichtiger Höhepunkt ist der Gottesdienst am Sonntagmorgen. Hier besteht die Möglichkeit, dass Vater und Sohn miteinander einen Bund schließen. Das ist ungewöhnlich und eindrücklich: Im Gottesdienst surrten mehrere Bohrmaschinen, mit denen wir Kordeln herstellten. Alle bekamen davon ein Bändchen, das sich Vater und Sohn gegenseitig um das Handgelenk banden und sich so neu miteinander verbündeten. »So wie Gott mit uns einen unverbrüchlichen Bund geschlossen hat, will auch ich als Vater zu dir, meinem Sohn, halten«, das ist die erlebbare Aussage dieser starken symbolischen Handlung.

Erfahrungen bei den Vater-Sohn-Camps

Viele Teilnehmer der Vater-Sohn-Camps kommen aus Gemeinde- und Jugendarbeit; andere haben mit Kirche und Gott wenig »am Hut«. Interessanterweise waren viele dieser Väter als Kinder in einer Jungschar und haben Erlebnisse mit Zeltlagern gemacht. Sie alle erinnern sich noch eindrücklich an die Lagerfeuer und Geländespiele, die sie damals begeistert hatten. Die ungezwungene und offene Atmosphäre des Vater-Sohn-Camps ermöglicht ihnen jetzt über den »Umweg« ihrer Söhne ein Anknüpfen an die alten positiven Kindheitserfahrungen und ein erneutes Hineinschnuppern in den christlichen Glauben.

Manche Väter bekommen das Wochenende von ihren Frauen »verordnet« oder werden von ihnen geschickt. Aber viele schneiden sich diese Zeit mühsam aus ihren Terminen heraus und sind nachher froh, dass sie diesen Schritt getan haben. Ein ganzes Wochenende für den Sohn Zeit haben, mit anderen zusammen faszinierende Erlebnisse machen, andere Männer kennen lernen, hören von einem Gott, der es mit uns allen gut meint: Das tut einfach gut und ist erlebtes Evangelium, frohe Botschaft!

Perspektiven und Chancen von Vater-Sohn-Camps

- Möglichkeiten für gemeinsame Unternehmungen von Vätern mit Söhnen.
- Vertrauensbasis schaffen zwischen Söhnen und Vätern.
- Den Vater an alte Erinnerungen und Erlebnisse aus Kindheit und eventuell Jungscharzeit anknüpfen lassen.
- Natur und Schöpfung erleben und lernen, sich darin verantwortlich zu bewegen und diese zu bewahren.
- Erneuerung der Glaubensbeziehung zu Gott oder erste Entdeckung des christlichen Glaubens ermöglichen.
- Möglichkeit, Kirchenferne einzuladen und mit Gott in Berührung zu bringen.

Übertragbarkeit und Multiplikation

Da Vater-Sohn-Camps auf einer einfachen Grundidee basieren, sind sie leicht in Kirchengemeinden, Männerkreise, örtliche CVJM, Jugendwerke oder Bezirksjugendwerke zu übertragen.

Ort, Größe und Programmgestaltung sind problemlos zu verändern. Wichtig ist es, die Chancen zu nützen, die darin begründet liegen: *»Wenn der Vater mit dem Sohne…«* (s. auch unter »Kontakte«).

Fritz Leng, 44 Jahre alt, ist verheiratet und hat vier Kinder, davon drei Söhne. Er ist seit sieben Jahren Landesreferent im CVJM-Landesverband Württemberg.

Peter Kahle

Die BTS-Männergruppe

BTS-Gruppenarbeit

Innerhalb der »Deutschen Gesellschaft für Biblisch Therapeutische Seelsorge« (BTS), die vorwiegend in der Ausbildung von haupt- und ehrenamtlichen Seelsorgern tätig ist, gibt es auch die Möglichkeit, Seelsorgegruppen zu bilden.
Von einer BTS-Männergruppe in Böblingen möchte ich berichten.

Zielgruppe

Die Gruppe wird für Männer angeboten, die seelsorgerliche Hilfe und Begleitung suchen. Bei der BTS werden neben den klassischen Seelsorgeformen (Trösten, Ermahnen, Lösen und Binden) auch bewährte Hilfsmittel aus der Psychologie eingesetzt, die sich mit dem christlichen Glauben vereinbaren lassen. In der Böblinger Männergruppe waren es bisher hauptsächlich verschiedene Formen der Gesprächstherapie, Rollenspiele und Elemente der Verhaltenstherapie (z. B. Hilfstechniken, die es erleichtern, eine als schlecht erkannte Angewohnheit effektiver umzulernen).
Mich beschäftigte seit meiner BTS-Seelsorgeausbildung der Gedanke, dass viele Menschen Probleme haben, die den Zugang zum Glauben versperren können.
Eine Predigt kann hier nur wenig helfen, da hier keine aktiven Gespräche möglich sind. Auch ein Hauskreis kann dies nicht leisten, da es oftmals um sehr persönliche, intime Probleme geht, die eine 100-prozentige Diskretion erfordern. Sie können den betreffenden Personen überaus peinlich sein, sodass sie sich Bekannten gegenüber nicht öffnen wollen. Darum wollte ich solche suchenden Menschen durch das Angebot einer BTS-Gruppe in Böblingen bei ihren Problemen abholen.

Gründung der BTS-Gruppe Böblingen

Ich fand einen Partner, der mit mir zusammen eine solche Gruppe aufbauen wollte. In einem Gemeinschaftshaus bekamen wir einen geeigneten Gruppenraum. Wir meldeten uns bei der BTS-Geschäftsstelle und besuchten die Supervision für Gruppenleiter. Zur Vorbereitung war das »Handbuch für Gruppen« (Hrsg. Hilde Dieterich) sehr hilfreich. Wir streuten die Einladungen so breit wie möglich. Sogar eine Kreiszeitung berichtete über unser Vorhaben. Doch die meisten Männer kamen nur aufgrund persönlicher Kontakte in die Gruppe.

Eine Gruppengröße von sieben Teilnehmern ist optimal, da die Hemmschwelle, sich zu äußern, noch gering ist, aber die weiter unten beschriebenen gruppendynamischen Prinzipien schon wirken. Doch wir mussten zunächst mit drei Männern beginnen; erst mit der Zeit wuchs die Gruppe.

Hemmschwellen
Nach unseren Erfahrungen gibt es gerade für Männer viele Hemmschwellen, eine solche Gruppe zu besuchen und sich darin zu öffnen:

Nach dem traditionellen Männerbild darf ein Mann keine Probleme haben.
Wenn er welche hat, wird er allein mit ihnen fertig. Dies führt bei vielen Männern zur Verleugnung ihrer Probleme bei gleichzeitiger innerer Vereinsamung. In eine BTS-Gruppe zu kommen bedeutet daher einen Riesenschritt. Um die Männer zu schützen und offene Gespräche zu ermöglichen, gilt als oberstes Prinzip: »Absolute Diskretion nach außen, Öffnung im Gebet nach oben.« Viele unserer bisherigen Gruppenmitglieder hatten sich gerade diese Gruppe weitab von ihrem Wohnort gesucht, um eine räumliche Distanz als zusätzlichen Schutz zu haben. Sie empfanden es als angenehm, geradezu als Befreiung, in diesem Rahmen zusammen mit anderen, die sie in ihrem ganzen Leben vielleicht nie mehr wieder sehen werden, ihre Probleme zu besprechen nach dem Motto: »Hier unter uns kann ich das ja sagen ...«

Männer reden in der Regel weniger gern über persönliche Dinge als Frauen.
Man(n) braucht schon Mut, um sich vor den anderen Gruppenteilnehmern, die man zunächst nicht kennt, zu öffnen. Die

Bereitschaft dazu wächst mit der räumlichen Distanz der Wohnorte. Das schließt nicht aus, dass sich die Gruppenteilnehmer mit der Zeit gut kennen lernen.

Angst vor der Psychologie
Wie oben erwähnt, kommen bei der BTS auch psychologische Methoden zum Einsatz. Das flößt manchen Angst ein, besonders Männern. Dieses Misstrauen ist historisch begründet: S. Freud als der Begründer der modernen Psychologie erlangte mit seinen Methoden, z. B. der Hypnose, eine enorme Macht über seine Patienten. Doch in der BTS-Gruppe ist niemand den Gruppenleitern ausgeliefert. Alles, was an psychologischem Handwerkszeug zum Einsatz kommt (das sind nur mit dem christlichen Glauben vereinbare Methoden), wird vorher besprochen. Schon Paulus empfiehlt in seinen Briefen in der Sprache der damaligen Zeit psychologische Methoden, z. B. : »Zieht den neuen Menschen an.« Diesen Satz ordnet man heute der Verhaltenstherapie zu.
Wir als Gruppenleiter stehen mit den Ratsuchenden auch vor Gott auf der gleichen Ebene und wollen keine Macht über sie ausüben. Dabei richten wir uns nach den drei Prinzipien der Gesprächstherapie: Echtheit, Wertschätzung und Annahme. Das kann auch einmal bedeuten, lange Zeit aktiv zuzuhören.

»Biblisch« – ist das nicht ein bisschen zu fromm? Es kamen auch mehrfach Männer, die dem biblischen Glauben fern standen. Wir versuchen dann nicht, aufdringlich zu missionieren, betonen aber, dass wir auf dem Boden der Bibel stehen und von ihrer Wahrheit überzeugt sind. Oft steht ein Problem zwischen dem Menschen und dem Glauben. Er möchte gerne glauben, kann es aber nicht.

Gerade Menschen, die sich selbst nicht annehmen können, weil sie sich schlecht fühlen, sind davon betroffen. Hier rechnen wir konkret mit der Hilfe des Geistes Gottes.

Gruppenprinzipien

BTS-Gruppen sind als offene Gruppen konzipiert, d. h., es können immer wieder neue Männer dazukommen. Mit jedem Interessenten führen wir zuvor ein Gespräch zum Kennenlernen und Informieren.

»Jetzt oder nie!«

Dabei beachten wir unsere Grenzen: So können wir z. B. Menschen, die an akuten Psychosen oder Alkoholismus leiden, lediglich weitervermitteln. Bei Eheproblemen ist es wichtig, mit dem Ehepartner zusammen eine Eheberatung aufzusuchen; die Gruppe kann hierbei begleitend unterstützen.
Die Mitgliedschaft in der Gruppe ist für einen bestimmten Zeitraum, meist drei Monate verbindlich. Wir setzen drei oder viermal im Jahr einen Zeitpunkt, zu dem ein Ausstieg möglich ist. Die Teilnahme an der Gruppe soll etwas kosten, zurzeit 20,– DM pro Gruppenstunde. Dieser Beitrag steigert vor allem die Motivation der Gruppenmitglieder. Wer bezahlt, möchte auch etwas dafür mitnehmen.
Eine Gruppe ist in Bezug auf die Problemlage und das Alter der einzelnen Männer gemischt zusammengestellt. Es treffen sich also nicht nur Depressive oder andere spezielle Problemgruppen. Hierin liegt auch ein Unterschied zu Selbsthilfegruppen. Das hat den Vorteil, dass sich jeder in den Punkten, in denen er sich stark fühlt oder Erfahrungen hat, hilfreich einbringen kann. Auch tröstet das Erkennen, dass auch andere Männer große Probleme haben; man fühlt sich nicht so allein. Mit diesem Prinzip haben wir in unserer Gruppe beste Erfahrungen gemacht.

Gliederung einer Gruppensitzung

Nach Tageslosung, Gebet, Zusage und Lied beginnt die »Blitzlichtrunde«: Kurzberichte über die Zeit seit der letzten Gruppenstunde. Nach dem Motto: »Störungen haben Vorrang«, können hier akute Probleme angesprochen werden. Dann leiten wir zum Thema der Gruppenstunde über (z. B. »Was verstehe ich unter Liebe?«). Nach einer kurzen Einführung versuchen wir, mit den Männern der Gruppe darüber ins Gespräch zu kommen. Im Gegensatz zum Alltag kann man hier im geschützten Rahmen der Gruppe über Probleme, Reaktionen und Selbsteinschätzungen reden und Situationen im Rollenspiel reflektieren.

Die Gruppe setzt Maßstäbe und wertet. Das kann jemandem den Rücken stärken, der in seinem Verhalten unsicher ist. Doch hier müssen die Gruppenleiter dafür sorgen, dass diese Maßstäbe sich mit dem Wort Gottes in Einklang bringen lassen. Die Gruppenstunde endet nach eineinhalb bis zwei Stunden mit einem Gebet.

Peter Kahle, 43 Jahre, ist verheiratet und hat drei Kinder. Er ist Gymnasiallehrer und ist im »Männerforum«, einer Gesprächsgruppe für Männer der Kirchengemeinde Schönaich, sowie in der Seelsorgearbeit der Biblisch-therapeutischen Seelsorge tätig.

Anhang

Adressen der Autoren

Benz, Karl, Pfr., Kirchberg 2, 89537 Giengen

Kahle, Peter, Lessingstr. 3, 71101 Schönaich

Knoblauch, Jörg, tempus, Postfach 1420, 89529 Giengen

Krause, Roland, Pfr., Neckarstr. 25,
Evang. Pfarramt Hausen a.d.Z., 74336 Brackenheim

Kunhardt, Gert von, Am Walde 88, 23714 Bad Malente

Leng, Fritz, CVJM-Landesverband Württemberg,
Haeberlinstr. 1–3, 70563 Stuttgart

Mack, Ulrich, Dekan, Marktplatz 34, 72250 Freudenstadt

Malessa, Andreas, Wellinger Str. 17, 73269 Hochdorf

Nobiling, Rainer, Prof. Dr., Großer Mönch 30,
69198 Schriesheim

Rau, Christoph, Pfr., Gymnasiumstr. 36, 70174 Stuttgart

Reiser, Eugen, Friedhofstr. 52, 71522 Backnang

Thierhoff, Ulrich (Bauer, Gerhard/Gläser, Eberhard/Kern,
Friedrich/Kopp, Stefan),
Eltinger Weg 10/1, 71272 Renningen

Adressen der Landespfarrämter für Männerarbeit

Arbeitsstelle f. Ev. Erwachsenenbildung der Evang. Kirche Hessen-Nassau, Pallaswiesenstr. 63, 64293 Darmstadt, Telefon: 0 61 51 / 85 97 17

Beauftragter für Männerarbeit i.d. Ev.-ref. Kirche, Geisinkstraße1, 48527 Nordhorn, Telefon: 05921/8802-16

Boll, Pfarrer Hansfried, Amt für kirchl. Dienste der Evang. Kirche Kurhessen-Waldeck, Wilhelmshöher Allee 330, 34131 Kassel, Telefon: 0561/9378(1)377 + 415

Grünheid, Escamillo, Geschäftsstelle der Männerarbeit der Kirchenprovinz Sachsen, Oststraße 1, 67657 Kaiserslautern, Telefon: 06 31/36 42-11 23

Gutjahr, Werner, Geschäftsstelle der Männerarbeit der Ev. Kirche Anhalt, Uhlandstraße 3, 06862 Roßlau, Telefon: 0391/6213079

Hollstein, Hartmut, Männerarbeit der Ev. Landeskirche Baden, Blumenstraße 1–7, 76133 Karlsruhe, Telefon: 0721/9175-338

Koch, Paul, Männerarbeit der Ev.-luth. Landeskirche Braunschweig, Dietrich-Bonhoeffer-Straße 1, 38300 Wolfenbüttel, Telefon: 0 53 31/802-525

Männerarbeit der Ev. Kirche der Schlesischen Oberlausitz, Dorfstraße 95, 02829 Ebersbach, Telefon: 0 35 81/31 49 28

Männerarbeit der Ev. Kirche in Berlin Brandenburg, Goethestraße 27–30, 10625 Berlin, Telefon: 030/31 91-282

Männerarbeit der Ev. Kirche von Westfalen, Iserlohner Straße 25, 58239 Schwerte, Telefon: 0 23 04/755-267-270

Männerarbeit der Ev.-luth. Landeskirche Mecklenburgs, Münzstraße 8, 19055 Schwerin, Telefon: 03 85/883-0/169

Männerarbeit der Ev.-luth. Landeskirche Schaumburg-Lippe, Ev.-luth. Pfarramt II, Schachtstraße 3, 31691 Seggebruch, Telefon: 0 57 24/16 65

Männerarbeit der Ev.-luth. Landeskirche Sachsen, Landesgeschäftsstelle, Theaterstraße 25, IV, 09111 Chemnitz, Telefon: 0371/694117

Männerarbeit der Pommerschen Ev. Kirche, Marktstraße 166, 17121 Loitz, Telefon: 039998/30310

Männerarbeit im Amt für Gemeindedienst der Ev.-luth. Landeskirche Hannover, Archivstraße 3, 30169 Hannover, Telefon: 05 11/1241411

Männerarbeit KdA, Ev. Kirche der Pfalz, Unionstraße 1, 67657 Kaiserslautern, Telefon: 06 31/36 42-112

Männerwerk der Ev. Kirche im Rheinland, Rochusstraße 44, 40479 Düsseldorf, Telefon: 02 11/3 61 02 72

Männerwerk der Ev. Landeskirche Württemberg, Gymnasiumsstraße 36, 70174 Stuttgart, Telefon: 0711/2068255

Männerwerk der Ev.-luth. Landeskirche in Bayern, Sperbergstraße 70, 90461 Nürnberg, Telefon: 0911/4316(0)-251 (250 Se)

Pommersche Ev. Kirche, Männerarbeit, Bahnhofstraße 35/36, 17489 Greifswald, Telefon: 0 38 34/55 46

Provinzialmännerpfarrer, Männerarbeit der Ev. Kirche der Schlesischen Oberlausitz, Kirchstraße 7, 02957 Krauschwitz, Telefon: 03 57 71/95 17

Kontakte

Weitere Informationen und Hilfestellungen zu Vater-Sohn-Camps

Fritz Leng, CVJM-Landesverband Württemberg, Haeberlinstr. 1–3, 70563 Stuttgart, Fax: 07 11/97 81-30
Grundsatzartikel zum Thema (Programmabläufe, Spielideen, Geschichten und vieles mehr) in dem Heft: »ejw-aktuell – Kinder brauchen Väter«, hrsg. v. Rainer Rudolph und Fritz Leng, Bezug über Buchhandlung des ejw, Haeberlinstr. 1–3, 70563 Stuttgart.

Christliches Männertraining e.V. (CMT)
»Männer trainieren Mannsein« lautet das Motto des CMT. Konkret bedeutet dies: Ein Jahr lang treffen sich alle Trainierenden einmal im Monat samstags, um sich auszutauschen und wichtige Themen und Bereiche im Leben eines Mannes anhand eines Handbuches mit Arbeitsblättern zu bearbeiten und das Erlernte dann in den folgenden vier Wochen im Alltag umzusetzen.
Informationen: Geschäftsstelle CMT, Ernst Kälber, Grewenkamp 8, 29664 Walsrode, Telefon: 05161/910620, Fax: 05161/910620

Promise Keepers e.V.
Der Verein »Promise Keepers – Männer, die Wort halten« wurde 1997 in Deutschland gegründet. Ursprünglich stammt die Bewegung aus den USA. In Deutschland existieren zurzeit über 50 regionale Kontaktgruppen. Die Mitglieder der Promise Keepers möchten neu Verantwortung gegenüber Gott, der Familie, der Gemeinde und der Welt übernehmen.
Informationen: Promise Keepers e.V., Geschäftsstelle, Christof Matthias, Steinrutsche 8, 34225 Baunatal, Telefon: 05 61/4 91 43, Fax: 05 61/49 43 46.